Die
Staatskonkurs-Aufgaben
im Jahre
1909.

Inhalt.

I. Aufgabe
aus dem Bürgerlichen Rechte und dem Zivilprozeßrechte.

Der Gastwirt Georg Huber hatte sich am 1. Juli 1906 mit der Müllerstochter Anna, geb. Wagner, verehelicht und seinen ersten Wohnsitz in Buch, Amtsgerichts und Landgerichts Buch genommen, woselbst das Grundbuch schon seit 1. Mai 1905 als angelegt anzusehen ist.

Am 15. Juni 1906 hatten Georg Huber und Anna Wagner bei dem Notar Fischer in Buch einen Ehevertrag beurkunden lassen, durch den sie Fahrnisgemeinschaft und für den Fall des Todes eines Ehegatten Fortsetzung der Fahrnisgemeinschaft vereinbart hatten. Die Vereinbarung wurde antragsgemäß am 17. Juni 1906 in das Güterrechtsregister des Amtsgerichts Buch eingetragen, die Eintragung aber nicht veröffentlicht.

1. Laut Urkunde des Notars Fischer vom 1. Dezember 1906 kaufte Georg Huber von dem Kaufmann Franz Ulrich in Aigen das Grundstück Pl. Nr. 610 der Steuergemeinde Buch um 6000 ℳ. In Anrechnung auf den Kaufpreis übernahm Georg Huber die auf dem Grundstücke ruhenden Hypotheken zu 2400 ℳ; er leistete noch eine bare Anzahlung von 1600 ℳ und bestellte für den Kaufpreisrest von 2000 ℳ dem Verkäufer an nächstoffener Stelle Hypothek auf dem gekauften Grundstück. Dabei wurde vereinbart, der vom 1. Dezember 1906 an mit vier vom Hundert verzinsliche Kaufpreisrest solle erst am 1. Dezember 1907 zahlbar sein; für den Fall, daß der Schuldner den Betrag vor diesem Termine zahlen wolle, verpflichte er sich zur Zahlung einer Entschädigung, die im Falle der Heimzahlung im Dezember 1906 sechs vom

Hundert des Kaufpreisrestes betragen, in jedem folgenden Monat aber sich um je ½ vom Hundert mindern solle. Zur Sicherung dieser Entschädigung bewilligte Schuldner die Eintragung einer Sicherungshypothek im Höchstbetrage von 6% des Kaufpreisrestes.

Um die Anzahlung von 1600 ℳ leisten zu können, mußte Georg Huber von seinem Nachbarn, dem Maurermeister Heinrich Betz ein Darlehen von 900 ℳ aufnehmen. Betz zahlte diesen Betrag sofort bei der Beurkundung an Ulrich. Betz hatte dabei hypothekarische Sicherstellung zur Bedingung gemacht, war aber damit zufrieden, daß für seine Darlehensforderung im Range nach der Kaufpreishypothek zu 2000 ℳ Hypothek bestellt werde. Dementsprechend bewilligte Georg Huber die Eintragung der Hypothek für die Darlehensforderung des Betz zu 900 ℳ mit 4% Zinsen vom 1. Dezember 1906 an auf Pl. Nr. 610.

Am Schlusse der Urkunde stellten die Beteiligten die erforderlichen Eintragungsanträge. Die Erteilung eines Hypothekenbriefs sollte in jedem Falle ausgeschlossen sein.

Der Notar legte die Urkunde mit beglaubigter Abschrift des Ehevertrags dem Grundbuchamt Buch vor mit dem Antrage, die Eintragungen zu bewirken; er fügte noch eine formlose schriftliche Erklärung der Ehefrau des Georg Huber bei, inhaltlich deren sie „der Eintragung des Kaufpreises auf Pl. Nr. 610" zustimme.

Das Grundbuchamt hat den Eigentumsübergang eingeschrieben. Dem Antrag auf Eintragung der für den Kaufpreisrest und die vereinbarte Entschädigung bestellten Hypotheken wurde in folgender Fassung entsprochen:

> Am 5. Dezember 1906. Hypothek ohne Brief für zweitausend Mark Kaufpreisforderung des Kaufmanns Franz Ulrich in Aigen mit Zinsen zu jährlich vier vom Hundert — 4% — seit 1. Dezember 1906. Bezüglich der unter Erweiterung des Zinsrechtes vereinbarten Zahlungsbestimmungen wird auf die Eintragungsbewilligung vom 1. Dezember 1906, Urkunde des Notariats Buch, GR. 842, Bezug genommen.

Die Eintragung einer Sicherungshypothek für die Entschädigungsforderung des Ulrich und die Eintragung einer Hypothek für das Darlehen des Betz wurde aber mit Verfügung vom 5. Dezember 1906 abgelehnt. Die Eintragung einer Hypothek für das Darlehen des Betz wurde abgelehnt, weil die Zustimmung der Ehefrau des Schuldners fehle, die Eintragung einer Sicherungshypothek, weil die Vereinbarung über die Zahlung einer Entschädigung, die vom Hundert der Kaufpreisrestforderung zu berechnen sei, nicht einen selbständigen Anspruch begründe, sondern nur eine Ergänzung der Zahlungsbestimmungen unter bedingter Erweiterung des Zinsrechts für den Kaufpreisrest enthalte; bezüglich dieser Bestimmungen dürfe auf die Eintragungsbewilligung Bezug genommen werden; die Bestellung einer besonderen Hypothek für Zinsen sei überhaupt unzulässig, da die Zinsen stets von der Hypothek für die Forderung gedeckt würden.

Gegen diese dem Notar am 6. Dezember 1906 zugestellte Verfügung des Grundbuchamts legte der Notar namens des Franz Ulrich Beschwerde zum Landgerichte Buch ein, die am 22. Dezember bei dem Grundbuchamt einlief und wie folgt begründet war:

> Es sei Sache der Parteien zu bestimmen, ob und wie weit auf die Eintragungsbewilligung Bezug genommen werde; das richterliche Ermessen habe nur dann Spielraum, wenn die Parteien nichts anderes bestimmten; das Grundbuchamt hätte also zum mindesten auch den bedingten Zinssatz in das Grundbuch eintragen müssen; treffe dies zu, so könnten die Beteiligten auch die Eintragung einer besonderen Hypothek verlangen. Die Ehefrau Huber spreche in ihrer Erklärung allerdings nur von einer Zustimmung zur Eintragung des Kaufpreises; dadurch werde aber auch die Hypothek für das Darlehen des Betz getroffen, der das Darlehen nur unter der Bedingung gegeben habe, daß es zur Bezahlung des Kaufpreises verwendet werde; übrigens sei die Ehefrau Huber bei der Beur-

kundung der Hypothekbestellung anwesend und mit allem einverstanden gewesen, was die beigefügte Bestätigung ausweise. Weder die Ehefrau Huber noch Betz wollten in dieser Sache etwas weiteres tun.

Der Beschwerdeschrift lagen bei: eine von Franz Ulrich unterschriebene Vollmachtsurkunde zur Beschwerdeeinlegung, eine Erklärung des Notariatsgehilfen Kunz, in der das Vorbringen des Notars hinsichtlich der Anna Huber als richtig bezeichnet wurde. Die Unterschriften waren nicht beglaubigt.

Der Grundbuchbeamte legte die Beschwerde am gleichen Tage dem Landgerichte vor mit dem Beifügen, er helfe ihr nicht ab, er habe die Eintragung, daß bezüglich der unter Erweiterung des Zinsrechtes vereinbarten Zahlungsbestimmungen auf die Eintragungsbewilligung Bezug genommen werde, von Amts wegen wieder gelöscht, da er die Vereinbarung für nichtig halte; in Ansehung der Hypothek des Betz sei Ulrich überhaupt nicht beteiligt und daher nicht beschwerdeberechtigt.

2. Anna Huber wurde im Januar 1908 wegen Geisteskrankheit entmündigt; ihr Ehemann wurde als Vormund bestellt. Um die Kosten der Verpflegung seiner Ehefrau in der Irrenanstalt zu decken, verkaufte Georg Huber als gesetzlicher Vertreter seiner Frau mit Urkunde des Notars Heintz in Felden vom 1. März 1908 das auf sie katastrierte Grundstück Pl. Nr. 240 Acker am schönen Weg zu 0,065 ha der Steuergemeinde Buch an den Kaufmann Max Schwarz in Buch; in derselben Urkunde erklärte Huber die Auflassung des Grundstücks, Schwarz die Annahme; beide beantragten, den Übergang des Eigentums auf Schwarz in das Grundbuch einzutragen. Der vom Amtsgericht aus diesem Anlasse als Pfleger der Ehefrau bestellte Bürgermeister Johann Will erteilte zu dem Verkaufe die Zustimmung. Der Notar stellte in der Urkunde fest, daß er wegen der Entfernung des Grundbuchamts von seinem Amtssitze das Grundbuch nicht habe einsehen können, daß aber die Beteiligten, obwohl darauf

hingewiesen, auf der sofortigen Beurkundung bestanden haben.

Das Grundbuchamt lehnte die Eintragung der Auflassung mit Verfügung vom 6. März 1908 ab mit der Begründung, daß Anna Huber im Grundbuch überhaupt nicht als Eigentümerin der Pl. Nr. 240 eingetragen und daß wahrscheinlich eine Verwechslung mit Pl. Nr. 204, Acker im tiefen Grund zu 0,084 ha vorliege.

Auf Grund gepflogener Erhebungen stellte der Notar noch folgendes fest: Im Mai 1905 hatte der Vater der Anna Huber, der Müller Franz Wagner, einen Teil seines Grundbesitzes an seine zwei Kinder übergeben; dabei erhielt Anna Huber die Pl. Nr. 204, während ihrer Schwester Maria Wagner Pl. Nr. 240 zugewiesen wurde. Während die Umschreibung im Grundbuch auf Grund des Übergabsvertrags richtig erfolgt ist, wurde im Grundsteuerkataster aus Versehen Pl. Nr. 240 der Anna Huber, Pl. Nr. 204 der Maria Wagner zugeschrieben. Das Grundstück, das Max Schwarz käuflich erwerben sollte, war bisher an ihn verpachtet; nach einer Bestätigung der Messungsbehörde ist dieses Grundstück auf dem Flurplan mit Pl. Nr. 204, 205 beschrieben, während es sich in der Natur nur als ein einziges Grundstück darstellt; im Grundbuch ist Pl. Nr. 205, ebenso wie Pl. Nr. 204, als Acker im tiefen Grund zu 0,084 ha beschrieben.

Mit Rücksicht hierauf beurkundete Notar Heintz am 15. März 1908 einen „Nachtrag zum Kaufvertrag vom 1. März 1908.“ In dieser Urkunde erkennen Georg Huber und Max Schwarz in Übereinstimmung mit dem Pfleger Will die Feststellungen des Notars als richtig an und erklären, daß sie die in der Urkunde vom 1. März 1908 niedergelegte Auflassungserklärung dahin berichtigt haben wollen, daß das Vertragsobjekt nicht mit Pl. Nr. 240, sondern mit Pl. Nr 204, 205 zu beschreiben sei. Der Notar legte die Urkunden dem Grundbuchamt zum Vollzuge vor.

Mit Zwischenverfügung vom 26. März 1908 ordnete das Grundbuchamt an, daß für den Vertrag innerhalb

einer Frist von zwei Wochen die vormundschaftsgerichtliche Genehmigung nachzuweisen sei. Daraufhin gab der Notar die Erklärung ab, einer vormundschaftsgerichtlichen Genehmigung bedürfe es im gegebenen Falle nicht, und wiederholte den Antrag auf Vollzug.

Mit Verfügung vom 3. April 1908 lehnte das Grundbuchamt den Vollzug der Urkunden endgültig ab mit der Begründung, das Grundbuchamt oder der Notar dürfe die Erklärung der Auflassung nur entgegennehmen, wenn die nach § 313 BGB. erforderliche Urkunde vorgelegt werde; dies sei bezüglich der nunmehrigen Vertragsobjekte nicht geschehen. Überdies sei Pl. Nr. 205 mit einem Veräußerungsverbot und mit einer Zwangshypothek belastet; Anna Huber habe dieses Grundstück mit Urkunde vom 15. Juni 1905 von dem Güterhändler Joseph Gutmann um 600 ℳ erkauft und sei am 20. Juni 1905 als Eigentümerin eingetragen worden; mit dem Eigentumsübergange sei auf Grund Vereinbarung zugunsten des Gutmann eine Verfügungsbeschränkung des Inhalts eingetragen worden, daß die Käuferin das Grundstück bis zur völligen Zahlung des Kaufpreises weder veräußern noch belasten dürfe; am 1. Oktober 1905 habe Gutmann zur weiteren Sicherung seiner Kaufpreisforderung von 600 ℳ mit 4% Zinsen vom 15. Juni 1905 an auf Pl. Nr. 205 eine Zwangshypothek eintragen lassen, diese aber am 1. Oktober 1906 an den Kaufmann Raphael Lindheimer abgetreten; weder die Zwangshypothek für Lindheimer noch das für Gutmann eingetragene Veräußerungsverbot seien bisher gelöscht worden. Abgesehen davon hätte der Vertrag der vormundschaftsgerichtlichen Genehmigung bedurft.

Der Notar legte gegen diesen ihm am 5. April 1908 zugestellten Beschluß namens des Georg Huber noch am gleichen Tage Beschwerde zum Landgerichte Buch ein mit dem Antrag, das Grundbuchamt zum Vollzuge der Urkunden anzuweisen. In der am 6. April 1908 beim Grundbuchamt eingegangenen Beschwerdeschrift bemerkte der Notar, die in der angefochtenen Verfügung behaupteten

Mängel hätten nicht mehr gerügt werden können, da sie in der Zwischenverfügung vom 26. März 1908 nicht gerügt worden seien; eine zwingende Vorschrift zur Vorlegung der nach § 313 BGB. erforderlichen Kaufvertragsurkunde bestehe nicht; im vorliegenden Falle bestehe Gefahr auf Verzug, da die Pl. Nr. 204, 205 beschlagnahmt werden sollten; die auf Pl. Nr. 205 ruhende Verfügungsbeschränkung sei mit dem am 1. Oktober 1907 erfolgten Ableben des Gutmann gegenstandslos geworden.

Das Grundbuchamt legte die Beschwerde, ohne ihr abzuhelfen, dem Landgerichte vor und stellte hierbei fest, daß Gutmann am 1. Oktober 1907 gestorben sei.

Wie hat das Landgericht in den Fällen unter **Nr. 1 und 2** zu entscheiden, wenn es von der Erlassung einer Zwischenverfügung absieht? Die Entscheidungen sind unter Würdigung aller geltend gemachten Gesichtspunkte und unter Anführung der gesetzlichen Vorschriften kurz zu begründen. — Auf den Kostenpunkt ist keine Rücksicht zu nehmen.

3. Am 1. Dezember 1908 starb Georg Huber. Seine Witwe Anna, deren Entmündigung durch Beschluß des Amtsgerichts Buch vom 10. Dezember 1908 wieder aufgehoben wurde, erklärte am 12. Dezember 1908 gegenüber dem Nachlaßgericht, daß sie mit ihren Kindern die Fahrnisgemeinschaft fortsetze. Zugleich übergab sie dem Nachlaßgericht ein unter den Papieren ihres Mannes vorgefundenes eigenhändiges Testament ihres schon am 6. August 1906 verstorbenen Vaters Franz Wagner. In diesem Testament vom 1. April 1906 hatte Franz Wagner folgendes bestimmt:

„Als meine Erben setze ich ein die Kinder meiner Tochter Anna Huber, sowohl die schon vorhandenen, wie auch die von ihr noch geboren werdenden und zwar sämtliche zu gleichen Teilen. Das den Kindern zufallende Vermögen soll ihr Sondergut sein und bleiben, bezüglich dessen sie sich im Falle kinderlosen

Ablebens auch gegenseitig beerben sollen; meiner Tochter Anna Huber soll an diesem Sondergut ihrer Kinder nur ein Nutznießungsrecht zustehen. Meine Tochter Marie Wagner hat bereits früher mehr erhalten als ihr zukommt; sie soll deshalb als Erbin nicht mehr in Betracht kommen."

Das Vormundschaftsgericht bestellte für die Kinder der Anna Huber den Bürgermeister Johann Will als Pfleger. Das Nachlaßgericht stellte hierauf in einer Verhandlung mit den Beteiligten folgendes fest:

Beim Ableben des Franz Wagner wurde seinen gesetzlichen Erben Anna Huber und Marie Wagner Erbschein ausgestellt, auf Grund dessen sie mit notarieller Urkunde vom 20. August 1906 den Nachlaß teilten, wobei Anna Huber die Pl. Nr. 740, 741, Marie Wagner die Pl. Nr. 742, 743 der Steuergemeinde Buch zugeteilt erhielten; sie wurden als Eigentümer in das Grundbuch eingetragen; von dem vorliegenden Testamente hatten sie keine Kenntnis. Beim Ableben des Erblassers waren von den Kindern der Eheleute Georg und Anna Huber bereits vorhanden: Paul, geboren am 1. Mai 1905 (durch nachfolgende Ehe legitimiert), und Marie, geboren am 1. August 1906; nach seinem Ableben wurden geboren Rudolf, geboren 1. Juli 1907, und Anna, geboren 1. April 1908.

Die Beteiligten erkannten hierauf übereinstimmend das Testament als richtig an und erklärten, und zwar:

a) Der Pfleger Johann Will, daß er namens der 4 Kinder die Erbschaft annehme, die Ausstellung eines den erbrechtlichen Verhältnissen entsprechenden Erbscheins und die Berichtigung des Grundbuchs durch Umschreibung auf die Kinder als Erben beantrage und die Eintragung des Nutznießungsrechtes der Anna Huber bewillige,

b) Marie Wagner und Anna Huber, welche den auf sie lautenden Erbschein übergaben, daß sie die Umschreibung der Pl. Nr. 740, 741, 742, 743 auf die Testamentserben bewilligen,

c) Anna Huber überdies, daß sie die Eintragung ihres Nutznießungsrechtes an diesen Grundstücken beantrage.

Der Nachlaßrichter bestätigte, daß der Pfleger seine Erklärungen mit vormundschaftsgerichtlicher Genehmigung abgegeben habe, erklärte, daß der frühere Erbschein eingezogen werde, und fertigte einen neuen Erbschein aus, des Inhalts,

daß die Grundstücke Pl. Nr. 740, 741, 742, 743 auf Grund Testaments im Erbwege von dem am 6. August 1906 verstorbenen Franz Wagner auf dessen Enkel, die minderjährigen Kinder der Anna Huber, Paul und Marie Huber zu gleichen Anteilen übergegangen seien und daß die nach dem Ableben des Erblassers geborenen Kinder Rudolf und Anna Nacherben seien,

und leitete die Akten dem Grundbuchamte zu mit dem Ersuchen, die gestellten Anträge zu vollziehen. Beigefügt wurde der Beschluß vom 10. Dezember 1908, durch den die Entmündigung der Anna Huber wieder aufgehoben worden war.

Das Grundbuchamt lehnte mit Verfügung vom 16. Dezember 1908 die beantragten Eintragungen ab mit folgender Begründung:

a) Der Eigentumsübergang könne nur auf Grund einer Urkunde nach § 313 BGB. und einer Auflassungserklärung eingeschrieben werden,
b) die Eintragung des Nutznießungsrechts sei überhaupt unzulässig, da der Mutter dieses Recht kraft Gesetzes zustehe,
c) der Inhalt des Erbscheins bedürfe einer Nachprüfung,
d) auch bestünden lebhafte Bedenken gegen die Geschäftsfähigkeit der Anna Huber, da der Beschluß vom 10. Dezember 1908 vom Staatsanwalt angefochten sei,
e) mit Rücksicht hierauf sei es auch zweifelhaft, ob Johann Will, der seines Amtes als Pfleger für

Anna Huber noch nicht enthoben sei, jetzt schon als Pfleger für die Kinder auftreten könne.

Ist die Ablehnung begründet? Wenn der Erbschein nicht für richtig erachtet wird, wie hat er zu lauten?

Die Antworten sind unter Würdigung aller geltend gemachten Gesichtspunkte und unter Anführung der in Betracht kommenden gesetzlichen Vorschriften zu begründen.

II. Aufgabe
aus dem Bürgerlichen Rechte und dem Zivilprozeßrechte.

I.

Der Gutsbesitzer Abel übergab dem Bereiter Blank in Augsburg zwei Pferde, einen Schimmel und einen Rappen, zum Zureiten. Als Blank dem Abel nach sechs Wochen trotz wiederholter Aufforderung die Pferde nicht zurückgab, verklagte ihn Abel beim Landgericht Augsburg auf Grund seines Eigentums und des abgeschlossenen Vertrags auf Herausgabe der Pferde und Schadensersatz. Blank wurde durch Urteil des Landgerichts Augsburg vom 1. April 1909 verurteilt, dem Abel die Pferde herauszugeben und 300 ℳ Schadensersatz zu bezahlen. Gegen das für vorläufig vollstreckbar erklärte Urteil legte Blank Berufung zum Oberlandesgericht Augsburg ein.

Als Abel das Urteil vollstrecken lassen wollte, stellte sich heraus, daß Blank die Pferde nicht mehr besaß; von der Zwangsvollstreckung in das bewegliche Vermögen des Abel mußte mangels pfändbarer Habe Abstand genommen werden.

Dem Abel wurde später mitgeteilt, daß sich die Pferde bei dem Stallmeister Kandler in München befinden. Abel erhob nun gegen Kandler Klage zum Landgericht Augsburg. In der Klage behauptete er, daß Kandler die Pferde während des Prozesses in Kenntnis der Rechtshängigkeit

von Blank gekauft und übergeben erhalten habe; er beantragte deshalb das Urteil vom 1. April 1909 gegen Kandler für vollstreckbar zu erklären.

In der mündlichen Verhandlung beschränkte sich Kandler auf die Bemerkung, daß er von der Rechtshängigkeit keine Kenntnis gehabt habe, als er die Pferde gekauft habe; er bestreite deshalb das Eigentum des Abel und beantrage Abweisung der Klage. Abel schob ihm den Eid darüber zu, daß er in dem Zeitpunkte, in dem er den Besitz der Pferde erlangte, von der Rechtshängigkeit keine Kenntnis gehabt habe. Kandler leistete sodann diesen durch Beweisbeschluß angeordneten Eid. Nun erwirkte Abel die Vertagung des Termins.

Im neuen Termine erklärte er, er habe jetzt erfahren, daß Blank dem Kandler den Schimmel geschenkt und den Rappen für ein ihm von Kandler schon früher gegebenes Darlehen verpfändet habe. Beides gab Kandler zu. Abel beantragte hierauf, nach dem Klageantrage zu erkennen; den Schimmel müsse Kandler schon deshalb herausgeben, weil er ungerechtfertigt bereichert sei; den Rappen habe Kandler als Pfand erhalten, obgleich er hierauf keinen Anspruch gehabt habe; die Pfandbestellung sei also anfechtbar. Kandler beanstandete, daß Abel nunmehr seine Klage auf ungerechtfertigte Bereicherung und das Anfechtungsgesetz stütze; dieser Klageänderung widerspreche er (Kandler), auch sei insoweit das Gericht örtlich unzuständig; jedenfalls aber könne das Urteil insoweit, als es auf Zahlung von Schadensersatz laute, nicht gegen ihn für vollstreckbar erklärt werden.

Wie ist zu entscheiden?

II.

Am 9. März 1905 räumte die Volksbank Schönberg, eingetragene Genossenschaft mit beschränkter Haftpflicht, in Schönberg der schon seit langer Zeit mit Geldschwierigkeiten kämpfenden Kommanditgesellschaft

„Schönberger mechanische Faßfabrik Auer und Berg in Schönberg", deren persönlich haftende Gesellschafter Auer und Berg waren, unter Bürgschaft der sämtlichen Kommanditisten, nämlich der Metallwarenfabrikanten Crüger und Dosch sowie des Weinhändlers Eisenmann, einen Kredit bis zu 100000 ℳ ein. Auer, Berg, Crüger, Dosch und Eisenmann waren Genossen der Volksbank. Der Kredit wurde bis zur Erschöpfung und darüber hinaus in Anspruch genommen, die Geschäfte der Faßfabrik gingen immer schlechter und die Volksbank drängte auf Zahlung ihres Guthabens. Es fanden Beratungen zwischen dem Vorstande der Volksbank und den Kommanditisten statt, die zu dem von Auer und Berg gutgeheißenen Ergebnisse führten, es sei zu versuchen, auf dem Wege der Gründung einer Gesellschaft mit beschränkter Haftung unter Beteiligung der Volksbank an dieser Gründung einen dem Bankguthaben gleichkommenden Geschäftsanteil in dritte Hände zu bringen und auf diese Weise sowohl der Volksbank Befriedigung für ihre Forderung zu verschaffen als auch die Kommanditisten von der für sie sehr lästigen Bürgschaft zu befreien. Mit Zustimmung des Teilhabers Berg ging die Faßfabrik mit Aktiven und Passiven auf eine Gesellschaft mit beschränkter Haftung über, die von Auer und von Frank, einem Mitgliede des Vorstandes der Volksbank, gegründet wurde. Nach dem notariellen, von Auer und Frank unterzeichneten Gesellschaftsvertrage vom 16. September 1905 sollte das Stammkapital dieser unter der Firma „Heinrich Auer und Cie. in Schönberg G. m. b. H." gegründeten Gesellschaft 250000 ℳ betragen; hiervon sollte Frank für seine Person 3000 ℳ in bar einlegen, Heinrich Auer, der zum Geschäftsführer bestellt wurde, sein Anwesen zum Schätzungswerte von 65000 ℳ einbringen und den Rest von 182000 ℳ in bar leisten.

Der Volksbank, die aus ihrem Geschäftsverkehre mit der Kommanditgesellschaft ein Kontokurrentguthaben von rund 140000 ℳ geltend machte, wurde am 4. Oktober 1905 der Vorschlag gemacht, sich in Höhe dieser Forderung

an der neugegründeten Gesellschaft zu beteiligen. Bei den Verhandlungen über diesen Vorschlag, die zwischen Auer und der Volksbank stattfanden, wurde diese von Frank auf Grund einer von den übrigen Vorstandsmitgliedern Lampert und Oswald ausgestellten Vollmacht vertreten. Am 11. November 1905 erwarb die Volksbank laut privatschriftlicher Urkunde von diesem Tage, die von Auer und Frank unterzeichnet und mit einer die Unterschrift von Lampert und Oswald enthaltenden Genehmigungserklärung der Bank versehen war, von dem Geschäftsanteil des Auer zu 247000 ℳ einen Teilbetrag von 140000 ℳ. Zufolge derselben, von ihnen unterzeichneten Urkunde übernahmen Auer und Berg als ehemalige persönlich haftende Gesellschafter und Crüger, Dosch und Eisenmann als ehemalige Kommanditisten der Schönberger mechanischen Faßfabrik in Schönberg solidarisch und mit der Verpflichtung, gegebenenfalls den Anteil abzunehmen, Garantie dafür, daß die Volksbank im Laufe von drei Jahren ihren Anteil von 140000 ℳ anderweitig absetzen könne, und zugleich dafür, daß die Bank, solange sie Geschäftsanteile besitze, kein schlechteres Erträgnis aus dem jeweiligen vorhandenen Betrage beziehe, als sie beziehen würde, wenn dieser Betrag als Kredit in laufender Rechnung geschuldet würde; ferner garantierten Auer, Berg, Crüger, Dosch und Eisenmann der Volksbank einen Begebungskurs von 105 %, jedoch sollte sie, wenn es ihr nötig erscheinen sollte, den einen oder anderen Anteil auch unter diesem Preise abzugeben berechtigt sein mit der Maßgabe, daß sie dann die unter 105 % zu veräußernden Anteile zuerst den Garanten anzubieten habe. Außerdem war noch bestimmt, daß die Verpflichtung von Auer, Berg, Crüger, Dosch und Eisenmann aus dem Geschäftsverkehre der Kommanditgesellschaft mit der Volksbank nach wie vor in Kraft bleiben solle, wenn die Gültigkeit der wechselseitig voneinander abhängigen Abmachungen über den Erwerb des Geschäftsanteils durch die Bank und über die Garantieübernahme in Frage gezogen werden könnte.

Durch notariellen Vertrag vom 18. November 1905 trat Auer an die hierbei vom Lampert und Frank vertretene Volksbank $^{140}/_{247}$tel seines Geschäftsanteiles zu 247000 ℳ bei der mit Vertrag vom 16. September 1905 errichteten Gesellschaft mit beschränkter Haftung ab. Bei der Anmeldung der Gesellschaft zum Handelsregister, die am 22. November 1905 bei dem zuständigen Amtsgericht in Schönberg stattfand, übergab Auer als Geschäftsführer eine beglaubigte Abschrift des Gesellschaftsvertrages sowie eine von ihm unterzeichnete Liste der Gesellschafter, in der er selbst, Fabrikant Heinrich Auer in Schönberg mit 107000 ℳ, dann Bankdirektor Franz Frank mit 3000 ℳ und die Volksbank in Schönberg, e. G. m. b. H., mit 140000 ℳ Stammeinlage aufgeführt sind; zugleich ererklärte er, daß die gesetzliche Mindesteinzahlung von den Gesellschaftern geleistet sei und daß sich die von ihm selbst auf die Stammeinlagen gemachten Sacheinlagen in seiner freien Verfügung befänden. Die Eintragung in das Handelsregister erfolgte noch am Tage der Anmeldung entsprechend dem Inhalte des Gesellschaftsvertrags und der von Auer abgegebenen Erklärungen. Das Registergericht benachrichtigte den Auer von der Eintragung; eine Abschrift dieser Benachrichtigung und eine von ihm vor der Einreichung zum Register angefertigte Zweitschrift der Mitgliederliste schickte Auer ohne Begleitschreiben an die Volksbank. Bei den Gesellschafterversammlungen ließ sich die hierzu von Auer eingeladene Volksbank in der Folgezeit regelmäßig von Frank vertreten, der dann jeweils in der Sitzung des Genossenschaftsvorstandes Bericht erstattete.

Da die Bank innerhalb der drei Jahre keine Geschäftsanteile abzusetzen vermochte, erhob sie am 16. Januar 1909 gegen Berg, Crüger, Dosch und Eisenmann Klage mit dem Antrage, sie als Gesamtschuldner zur Zahlung von 140000 ℳ zu verurteilen; sie erklärte sich bereit, gegen die Zahlung dieser Summe den Geschäftsanteil in gleicher Höhe an die Beklagten abzutreten. Für die Beklagten, deren Antrag auf Abweisung der Klage ging,

wurde Folgendes vorgebracht: Die Vereinbarung vom 11. November 1905 sei ungültig. Zunächst sei die Bank beim Abschlusse nicht gesetzmäßig vertreten gewesen. Dann sei die Vereinbarung nicht als eine Bürgschaft der Beklagten, sondern als ein bedingtes Kaufversprechen der Beklagten in Ansehung der von der Bank nicht begebenen Anteile aufzufassen und deshalb mangels der erforderlichen Form nichtig. Die Nichtigkeit der Vereinbarung vom 11. November 1905 folge aber auch daraus, daß in ihr die Einräumung eines Vorkaufsrechtes enthalten und trotzdem die Vereinbarung nur schriftlich abgefaßt worden sei, was nicht nur die Nichtigkeit der das Vorkaufsrecht betreffenden Bestimmung, sondern die Nichtigkeit des ganzen Vertrages nach sich ziehe. Aber auch der Abtretungsvertrag vom 18. November 1905 sei ungültig. Es fehle zunächst schon an einem Gegenstande der Abtretung, da zu dieser Zeit eine Gesellschaft mit beschränkter Haftung noch nicht bestanden habe, also auch kein Geschäftsanteil vorhanden gewesen sei, der mit Rechtswirksamkeit hätte geteilt werden können; die Abtretungsurkunde handle also von einer unzulässigen und unmöglichen Abtretung zukünftiger Dinge. Sodann fehle es an der erforderlichen schriftlichen Genehmigung des Abtretungsvertrages durch die Gesellschaft, unter welcher Genehmigung nur eine der Abtretung nachfolgende, nachträgliche Zustimmung verstanden werden könne. Vor der Eintragung der Gesellschaft in das Handelsregister sei ein rechtliches Handeln im Namen der Gesellschaft, also auch die Abgabe einer Genehmigung für sie nicht möglich gewesen. Nach der Eintragung aber habe eine Genehmigung nicht stattgefunden, da Auer alle hier in Frage kommenden Urkunden vor der Registereintragung geschrieben und unterzeichnet habe. Übrigens habe Auer den Abtretungsvertrag nur als Inhaber eines Geschäftsanteils geschlossen, nicht als Geschäftsführer, wozu er auch nicht fähig gewesen wäre, da es vor der Eintragung der Gesellschaft einen handlungsfähigen Geschäftsführer naturgemäß nicht gebe. Endlich fehle es auch an einem Gesellschafterbeschlusse, der den

Abtretungsvertrag bestätige. Die Volksbank entgegnete, daß es nicht zur Ausübung des Vorkaufsrechtes gekommen sei und es deshalb dahin gestellt bleiben könne, ob die Vereinbarung des Vorkaufsrechts rechtsgültig sei, was aber den Abtretungsvertrag vom 18. November 1905 betreffe, so heiße es die Erfüllung einer leeren Form verlangen, wenn man unter den gegebenen Verhältnissen eine nochmalige ausdrückliche Genehmigung der Abtretung durch die Gesellschaft nach deren Eintragung in das Handelsregister fordern wollte.

Wie ist zu entscheiden?

Die Antworten sind unter Anführung der in Betracht kommenden gesetzlichen Vorschriften und unter Würdigung aller geltend gemachten Gesichtspunkte kurz zu begründen.

III. Aufgabe
aus dem Bürgerlichen Rechte und dem Zivilprozeßrechte.

Die Stadtgemeinde Oberstimm beabsichtigte am Rutzflusse eine elektrische Anlage zu errichten und zu diesem Zwecke Grundstücke zu erwerben. Der Güterhändler Lehmann, der hiervon Kenntnis hatte, trat mit dem Mühlbesitzer Mehl, dessen Mühle durch die Wasserkraft des Rutzflusses betrieben wurde, in Verbindung, um den Plan der Stadtgemeinde zu einer Spekulation zu benützen. Lehmann und Mehl schlossen am 10. Januar 1907 unter Beiziehung des Bankiers Rodenstein, der die erforderlichen Geldmittel beschaffen sollte, folgenden schriftlichen Vertrag:

1. Die Herren Mehl und Lehmann werden auf gemeinsame Wag und Gefahr Grundstücke erwerben, die sich zur Errichtung eines Elektrizitätswerkes am Rutzflusse eignen, und sie an die Stadtgemeinde Oberstimm weiterveräußern.

2. Der Kauf und der Verkauf haben jeweils auf den Namen eines der beiden Teilhaber, des Mehl oder des Lehmann, zu geschehen, doch ist sowohl zum Kaufe als auch zum Verkaufe vorher die Zustimmung des anderen Teilhabers einzuholen.

3. Herr Mehl stellt zu dem unter 1 angegebenen Zwecke sein Mühlanwesen, bestehend aus den Grundstücken Pl. Nr. 13, 14a b, 15 der Steuergemeinde Holzheim samt dem Zubehöre zur Verfügung. Der Wert des Anwesens wird auf den Betrag der darauf lastenden Hypotheken zu 40000 ℳ, 20000 ℳ und 10000 ℳ, mithin auf 70000 ℳ angeschlagen.

4. Herr Rodenstein eröffnet den Herren Mehl und Lehmann einen Kredit in laufender Rechnung bis zum Betrage von 40000 ℳ. Die Auszahlung der einzelnen Vorschüsse hat nach dem Ermessen des Herrn Rodenstein je nach dem Fortschreiten der Grunderwerbungsgeschäfte zu geschehen. Zur Sicherung der Ansprüche des Herrn Rodenstein soll sowohl auf dem Mühlanwesen des Herrn Mehl als auch auf den neuzuerwerbenden Grundstücken eine Sicherungshypothek zu 40000 ℳ eingetragen werden.

5. Von dem Gewinne, der durch die Weiterveräußerung der Grundstücke erzielt wird, ist zunächst $^1/_6$ an Herrn Rodenstein abzuführen. Sollte dieser Anteil nicht den Betrag einer sechsprozentigen Verzinsung der gewährten Vorschüsse erreichen, so ist er auf diesen Betrag zu ergänzen. Der Rest des Gewinns ist unter die Herren Mehl und Lehmann gleichheitlich zu teilen.

Am 30. Januar 1907 kaufte Mehl, nachdem er sich des Einverständnisses des Lehmann versichert hatte, im eigenen Namen die Grundstücke Pl. Nr. 17 und 18 der Steuergemeinde Holzheim um den Betrag von 20000 ℳ. Der Vertrag wurde vom Notariat Oberstimm beurkundet. Der Kaufpreis wurde teilweise dadurch getilgt, daß Mehl die persönliche und dingliche Haftung für die beiden auf den Grundstücken lastenden Hypotheken zu 12000 ℳ und 6000 ℳ übernahm; den Rest zahlte Rodenstein auf das Ersuchen des Mehl und des Lehmann bar an den Verkäufer.

Am 31. Januar 1907 erfolgte die Auflassung. Am gleichen Tage wurde Mehl als Eigentümer der Grundstücke Pl. Nr. 17 und 18 in das Grundbuch eingetragen. Die Hypothekengläubiger genehmigten wenige Tage später die Schuldübernahme. Am 30. Januar 1907 bestellte Mehl zu gesonderter Urkunde des Notariats Oberstimm eine Sicherungshypothek zu 40000 ℳ für alle gegenwärtigen und künftigen Ansprüche des Rodenstein aus dem am 10. Januar 1907 eingeräumten Kredit auf seinem Mühlanwesen und auf den soeben erworbenen Grundstücken. In der Urkunde sicherte Mehl dem Rodenstein zu, die vorgehenden Hypotheken werde er im Falle der Rückzahlung löschen lassen und die Sicherungshypothek werde dann aufrücken. Die Sicherungshypothek wurde am 1. Februar 1907 auf dem Blatt für die Grundstücke Pl. Nr. 13, 14 a, b, 15 an vierter Rangstelle nach Vorgang der darauf lastenden Hypotheken zu 40000 ℳ, 20000 ℳ und 10000 ℳ und auf dem Blatte für die Grundstücke Pl. Nr. 17 und 18 an dritter Stelle nach Vorgang der Hypotheken zu 12000 ℳ und 6000 ℳ als Gesamthypothek eingetragen.

Am 12. Februar 1907 kaufte Lehmann unter Zustimmung des Mehl im eigenen Namen die hypothekfreien Grundstücke Pl. Nr. 20 und 20½ der Steuergemeinde Holzheim um den Preis von 12000 ℳ. Der Vertrag wurde gleichfalls vom Notariat Oberstimm beurkundet. Die Auflassung und die Eintragung des Lehmann als Eigentümer in das Grundbuch erfolgten am 16. Februar 1907. Am gleichen Tage wurde der Kaufpreis zu 12000 ℳ an den Verkäufer bezahlt, die Mittel dazu hatte Rodenstein auf Ersuchen des Mehl und des Lehmann hergegeben.

Am 8. März 1907 ordnete das Amtsgericht Oberstimm als Vollstreckungsgericht auf den Antrag des Privatmanns Kolb zugunsten einer vollstreckungsreifen Forderung von 15000 ℳ die Zwangsversteigerung der von Lehmann gekauften Grundstücke Pl. Nr. 20 und 20½ an; am folgenden Tage wurde die Anordnung der Zwangsversteigerung im Grundbuch eingetragen und der Beschluß dem Gläubiger und dem Schuldner zugestellt.

Mehl und Lehmann wendeten sich an Rodenstein mit der Bitte, er möge die Grundstücke Pl. Nr. 20 und 20½ für sie einsteigern, damit man sie später wieder mit Gewinn veräußern könne; er möge aber als Bieter im eigenen Namen auftreten. Rodenstein sagte zu und ersteigerte die beiden Grundstücke Pl. Nr. 20 und 20½ im Zwangsversteigerungstermine vom 10. Mai 1907 im eigenen Namen um das Meistgebot von 8000 ℳ. Er benachrichtigte den Mehl und den Lehmann sofort von dem Ergebnisse des Termins und verlangte und erhielt für seine Bemühungen eine besondere Vergütung von 200 ℳ zugesichert. Rodenstein zahlte den Betrag des Meistgebots zu 8000 ℳ.

Mehl wurde nunmehr von Kern, dem Gläubiger der zweiten, auf den Grundstücken Pl. Nr. 17 und 18 lastenden Hypothek zu 6000 ℳ auf Zahlung gedrängt. Rodenstein, der sich auf die von Mehl in der Hypothekbestellungsurkunde vom 30. Januar 1907 gegebene Zusicherung verließ, zurückgezahlte Hypotheken würden gelöscht werden und die Sicherungshypothek zu 40000 ℳ werde dann aufrücken, gab dem Mehl mit Zustimmung des Lehmann die Mittel, um die Forderung des Kern zu 6000 ℳ zu befriedigen. Mehl zahlte die Forderung zurück. Kern erklärte sodann zu Protokoll des Grundbuchamts vom 20. Mai 1907, daß er für seine Forderung in Haupt- und Nebensache befriedigt sei und die Löschung der Hypothek zu 6000 ℳ bewillige.

Am 22. Mai 1907 jedoch, bevor noch Mehl den Antrag auf Löschung der Hypothek gestellt hatte, erwirkte sein Gläubiger Schnell einen Beschluß des Amtsgerichts Oberstimm als Vollstreckungsgerichts, durch den zu Gunsten einer vollstreckungsreifen Forderung des Schnell zu 3000 ℳ die dem Mehl nunmehr zustehende Eigentümergrundschuld von 6000 ℳ auf den Grundstücken Pl. Nr. 17 und 18 gepfändet und dem Mehl jede Verfügung über diese Eigentümergrundschuld verboten wurde. Der Pfändungsbeschluß wurde am 23. Mai 1907 im Grundbuch eingetragen und am gleichen Tage dem Mehl zugestellt.

Den Bemühungen des Mehl und des Lehmann gelang es, die Stadtgemeinde Oberstimm zur Erwerbung der

Grundstücke des Mehl zu bewegen. Die Stadtgemeinde kaufte mit Urkunde des Notariats Oberstimm vom 3. Juni 1907 das Mühlanwesen (Pl. Nr. 13, 13ab, 15), ferner die von Mehl erworbenen Grundstücke Pl. Nr. 17 und 18 um insgesamt 110000 ℳ; dabei wurde für das Mühlanwesen ein Preis von 92000 ℳ, für die anderen Grundstücke ein Preis von 18000 ℳ angesetzt. Die Grundstücke wurden der Stadtgemeinde sofort übergeben. Der Kaufpreis sollte am 1. August 1907 bar gezahlt werden, Mehl sollte die auf den Grundstücken lastenden Hypotheken beseitigen. Die Auflassung und die Eintragung im Grundbuch erfolgten am 4. Juni 1907. Vor dem Verkaufe hatte sich Mehl mit Lehmann über die an die Stadtgemeinde Oberstimm zu stellenden Verkaufsbedingungen verständigt.

Die Erwerbung der von Rodenstein eingesteigerten Grundstücke Pl. Nr. 20 und 20½ lehnte die Stadtgemeinde ab. Rodenstein benützte eine andere Gelegenheit, die sich gerade bot, und verkaufte die Grundstücke ohne Vorwissen des Mehl und des Lehmann zu einer Notariatsurkunde vom 20. Juni 1907 an den Fabrikbesitzer Meisel; dieser wurde auf Grund der Auflassung als Eigentümer im Grundbuch eingetragen und zahlte den Kaufpreis zu 22000 ℳ bar an Rodenstein.

Am 16. Juli 1907 wurde das Konkursverfahren über das Vermögen des Mehl eröffnet und der Kaufmann Meier als Konkursverwalter bestellt.

Im Einverständnisse mit Lehmann, Rodenstein, Schnell und dem Konkursverwalter zahlte die Stadtgemeinde Oberstimm in Anrechnung auf ihre Kaufschillingsschuld zu 110000 ℳ die drei auf dem Mühlanwesen lastenden Hypotheken zu 40000 ℳ, 20000 ℳ und 10000 ℳ sowie die auf den Grundstücken Pl. Nr. 17 und 18 eingetragene erste Hypothek zu 12000 ℳ zurück. Über die Auszahlung des Restes des Kaufpreises zu 28000 ℳ konnten sich die Beteiligten nicht einigen. Die Stadtgemeinde hinterlegte deshalb unter Vorbehalt ihrer etwaigen Ansprüche aus dem Kaufvertrage den Betrag von 28000 ℳ bei der Filialbank zu Oberstimm. Der

hinterlegte Betrag sollte zur Sicherung der Ansprüche des Schnell, der Konkursmasse, des Lehmann und des Rodenstein dienen und je nach der Feststellung dieser Ansprüche ausgezahlt werden. Alle auf den Kaufgrundstücken noch eingetragenen Hypotheken sowie die Pfändung zu Gunsten des Schnell wurden gelöscht.

Rodenstein hatte am 30. Juni 1907 einen Beschluß des Amtsgerichts Oberstimm als Vollstreckungsgerichts erwirkt, durch den für eine vollstreckbare Wechselforderung zu 6000 ℳ der Anspruch des Lehmann auf dasjenige, was ihm bei der Auseinandersetzung mit Mehl zukomme, gepfändet und dem Rodenstein zur Einziehung überwiesen wurde. Den Beschluß hatte er noch am gleichen Tage dem Lehmann und dem Mehl zustellen lassen. Rodenstein verlangte jetzt, daß sowohl bei der Feststellung seines eigenen Gewinnanteils zu $^1/_6$ als auch bei der Feststellung des gepfändeten Anteils des Lehmann die hinterlegten 28000 ℳ zum vollen Betrage als Gesellschaftsaktivum berücksichtigt und in das Gesellschaftsvermögen einbezogen werden.

Schnell erhob auf Grund der Pfändung der Eigentümergrundschuld des Mehl Anspruch auf Auszahlung von 3000 ℳ.

Der Konkursverwalter bestritt, daß die hinterlegten 28000 ℳ zum Gesellschaftsvermögen gezogen werden dürfen. Ein Gewinn sei nur durch die Veräußerung des Mühlanwesens erzielt worden, die Weiterveräußerung der von Mehl gekauften Grundstücke Pl. Nr. 17 und 18 habe einen Verlust ergeben. Soweit aber das Mühlanwesen in Betracht komme, sei der Gesellschaftsvertrag vom 10. Januar 1907 nichtig gewesen, weil die für das Eingehen der Verpflichtung zur Grundstücksübereignung vorgeschriebene Form nicht eingehalten sei. Mehl als Verkäufer habe den Anspruch auf Zahlung des Kaufpreises für sich erworben. Infolge der Tilgung der auf den Grundstücken Pl. Nr. 17 und 18 eingetragenen Forderung des zweiten Hypothekgläubigers Kern habe sich die Hypothek zu 6000 ℳ in eine Eigentümergrundschuld verwandelt.

Die 28000 ℳ hätten daher vollständig, und falls die Pfändung für Schnell zu Recht bestünde, mindestens im Betrage von 25000 ℳ in die Konkursmasse zu fließen. Rodenstein sei überdies nicht berechtigt, Anspruch auf Teilung des Gesellschaftsvermögens zu erheben, er sei nicht Gesellschafter, sondern nur Gläubiger der einzelnen Gesellschafter. Der Pfändungsbeschluß vom 30. Juni 1907 sei unwirksam; nach der Vorschrift im § 859 der ZPO. unterliege nur der Anteil des Lehmann am Gesellschaftsvermögen der Pfändung; eine solche Pfändung sei aber nicht erfolgt. Rodenstein dürfe aber auch deshalb einen Gewinnanteil aus der Veräußerung der Grundstücke des Mehl nicht verlangen, weil er selbst seinen vertragsmäßigen Verpflichtungen nicht nachgekommen sei. Rodenstein sei nämlich nicht befugt gewesen, über die Grundstücke Pl. Nr. 20 und 20½ zu seinem eigenen Nutzen zu verfügen, er müsse den erzielten Erlös zu 22000 ℳ an die Gesellschaft herausgeben oder doch dulden, daß er bei der Berechnung des Reingewinns als Gesellschaftsaktivum in Rechnung gestellt werde.

Rodenstein bestritt dem Konkursverwalter und dem Schnell die Befugnis, aus der Eigentümergrundschuld Rechte auf den hinterlegten Betrag abzuleiten, dem stehe die Abmachung in der Hypothekbestellungsurkunde vom 30. Januar 1907 entgegen, in der Mehl ausdrücklich das Aufrücken der Sicherungshypothek des Rodenstein für den Fall der Rückzahlung einer vorgehenden Hypothek zugesichert habe.

Endlich verlangten Rodenstein und der Konkursverwalter, daß Lehmann der Gesellschaft Ersatz leiste, weil er es nicht verhindert habe, daß die von ihm für die Gesellschafter erworbenen Grundstücke Pl. Nr. 20 und 20½ der Zwangsversteigerung unterworfen wurden, obwohl er als ein vorsichtiger und im Güterhandel bewanderter Mann bekannt sei; er habe dafür einzustehen, daß die Grundstücke der Gesellschaft verloren gegangen seien. Er müsse den Wert der Grundstücke ersetzen, der durch den Kaufpreis beim Verkaufe an Meisel mit 22000 ℳ aus-

gewiesen sei, oder doch die Einbeziehung dieses Betrags als Gesellschaftsaktivum in das Gesellschaftsvermögen gestatten.

1. Wie ist über die Ansprüche, welche Rodenstein, Schnell und der Konkursverwalter auf die hinterlegten 28000 ℳ erheben, und über die Ansprüche des Konkursverwalters in Ansehung der von Rodenstein als Kaufpreis eingenommenen 22000 ℳ zu entscheiden?
2. Wie ist über die Ansprüche des Konkursverwalters gegen Lehmann auf Schadensersatz wegen der Zwangsversteigerung der Grundstücke Pl. Nr. 20 und 20½ zu entscheiden, wenn davon abgesehen wird, daß Rodenstein den Anteil des Lehmann gepfändet hat?
3. Welchen Weg haben die Beteiligten einzuschlagen, um ihre Ansprüche (Nr. 1, 2) zur Geltung zu bringen.

Die Antworten sind unter Anführung der in Betracht kommenden Vorschriften kurz zu begründen.

Das Grundbuch ist seit dem 1. Januar 1906 als angelegt anzusehen.

IV. Aufgabe
aus dem Bürgerlichen Rechte und dem Zivilprozeßrechte.

1. Der Kolonialwarenhändler Richard Obermeier in Aberg hat laut notarieller Urkunde vom 4. März 1908 eine ihm gegen seinen Vater, den Ökonomen Karl Obermeier in Linden zustehende, mit jährlich vier vom Hundert verzinsliche, vom 1. März 1907 an auf die Dauer von drei Jahren unkündbare Forderung zu 5000 ℳ auf seinen Bruder, den Kaufmann Otto Obermeier in Rainburg schenkungsweise übertragen.

Am 10. Dezember 1908 erwirkte der Kaufmann Theodor Fuchs in Norden für eine ihm gegen Richard Obermeier zustehende, nach dem Inhalte der Faktura seit

4

1. Dezember 1908 fällige Warenforderung zu 2500 ℳ bei dem Landgericht Aberg einen Arrestbefehl und ließ am 11. Dezember 1908 in den Geschäftsräumen und in der Wohnung des Richard Obermeier Mobiliarpfändung vornehmen. Da das vorhandene Warenlager im Werte von 2000 ℳ bereits für Forderungen anderer Gläubiger im Gesamtbetrage von 3800 ℳ gepfändet war, nahm der Gerichtsvollzieher von einer Nachpfändung Abstand, pfändete aber Wohnungseinrichtungsgegenstände im Werte von 2550 ℳ. Weil jedoch die Ehefrau des Schuldners Richard Obermeier die gepfändeten Einrichtungsgegenstände als ihr Vorbehaltsgut in Anspruch nahm und Widerspruchsklage in Aussicht stellte, gab Theodor Fuchs die gepfändeten Gegenstände wieder frei. Dagegen erwirkte er am 3. Februar 1909 bei dem Landgericht Aberg Versäumnisurteil gegen Richard Obermeier auf den Betrag der Warenschuld zu 2500 ℳ nebst 5 % Zinsen hieraus seit dem 1. Dezember 1908.

Mit einer dem Kaufmann Otto Obermeier am 18. Dezember 1908 zugestellten Klage zum Landgerichte Rainburg focht Theodor Fuchs die am 4. März 1908 erfolgte Übertragung der Forderung des Richard Obermeier auf Otto Obermeier als seiner Forderung zu 2500 ℳ gegenüber rechtsunwirksam an und verlangte, daß der Beklagte die Zwangsvollstreckung zugunsten der Forderung des Klägers in die übertragene Forderung zu 5000 ℳ zu dulden habe.

In der mündlichen Verhandlung vom 27. Februar 1909 wiederholte der Prozeßbevollmächtigte des Klägers Theodor Fuchs den Klageantrag durch Verlesung aus der Klageschrift und legte nicht nur die Ausfertigung des Arrestbefehls vom 10. Dezember 1908, sondern auch das mit dem Zeugnisse der Rechtskraft versehene Versäumnisurteil vom 3. Februar 1909 in vollstreckbarer Ausfertigung nach Verlesung dieser Urkunden vor. Er begründete den Klageantrag mit dem Vortrage des bereits erwähnten Sachverhalts und brachte weiter vor, daß die Übertragung der Forderung auf Otto Obermeier als unentgeltliche Verfügung und aus dem Grunde anfechtbar sei, weil Richard

Obermeier die Forderung auch in der seinem Bruder Otto bekannten Absicht, seine Gläubiger zu benachteiligen, übertragen habe.

Der Vertreter des Beklagten beantragte die Abweisung der Klage mit folgender Begründung: Die Voraussetzungen für eine Anfechtungsklage seien nicht gegeben. Der Arrestbefehl sei kein vollstreckbarer Schuldtitel, wie er vom Gesetze verlangt werde. Das nachträglich vorgelegte Versäumnisurteil müsse außer Betracht bleiben, weil es erst nach der Zustellung der Anfechtungsklage erwirkt worden sei. Die Forderung des Klägers gegen Richard Obermeier sei auch gar nicht fällig. Der Kläger habe nämlich dem Richard Obermeier bei einer Besprechung am 5. Dezember 1908 bis zum 1. September 1909 Stundung gewährt. Mit dem Einwande der Stundung könne der Beklagte nicht ausgeschlossen sein, weil die Rechtskraft des Versäumnisurteils nur unter den Parteien, nicht aber gegen Dritte wirke. Daß die angefochtene Übertragung der Forderung eine unentgeltliche Verfügung enthalte, könne allerdings nicht bestritten werden. Allein unwahr sei, daß Richard Obermeier die Absicht hatte, durch Abtretung der Forderung Gläubiger zu benachteiligen. Zur Zeit der Übertragung der Forderung seien die Vermögensverhältnisse des Richard Obermeier noch sehr gute gewesen. Erst später habe er in seinem Geschäfte große Verluste erlitten. Der Grund für die Schenkung habe darin bestanden, daß, während das Geschäft des Richard Obermeier sehr gut ging, Otto Obermeier mit den geringen Einnahmen aus seinem Geschäfte nur schwer auskommen konnte und früher seinem Bruder, als dieser sich sein Geschäft gründete, insbesondere durch Zuweisung von Kundschaften unter die Arme gegriffen habe. Jedenfalls sei dem Beklagten von einer Absicht seines Bruders, Gläubiger zu benachteiligen, nichts bekannt gewesen.

Der Prozeßbevollmächtigte des Klägers erwiderte: Die Behauptung, daß Theodor Fuchs dem Richard Obermeier Stundung gewährt habe, werde als richtig zugegeben. Die Stundung sei aber in dem gegenwärtigen Rechtsstreite

nicht zu beachten, weil auch Richard Obermeier seit dem Eintritte der Rechtskraft des gegen ihn ergangenen Versäumnisurteils sich auf die Stundung nicht mehr berufen könne. Die Angaben über den Grund, der den Richard Obermeier veranlaßt haben soll, die Forderung an Otto Obermeier abzutreten, könnten nicht als richtig anerkannt werden.

Die Parteivertreter boten für ihre Behauptungen keine Beweise an, behielten sich aber Beweisangebote vor und beantragten übereinstimmend die Vertagung des Termins zum Zwecke der Fortführung bereits schwebender Vergleichsverhandlungen. Daraufhin wurde zur weiteren Verhandlung Termin auf 20. März 1909 anberaumt.

2. Richard Obermeier stellte am 9. März 1909 seine Zahlungen ein. Am 10. März 1909 wurde über sein Vermögen von dem Amtsgericht Aberg das Konkursverfahren eröffnet. Zum Konkursverwalter wurde der Kaufmann Ludwig Schmid ernannt. In der ersten Gläubigerversammlung vom 8. April 1909 wurde Ludwig Schmid endgültig zum Konkursverwalter gewählt und ein aus fünf Gläubigern bestehender Gläubigerausschuß bestellt. In den Gläubigerausschuß wurde auch Theodor Fuchs gewählt.

Auf eine Anfrage des Theodor Fuchs, ob der schwebende Anfechtungsprozeß von dem Konkursverwalter aufgenommen werden wolle, erwiderte der Konkursverwalter mit Brief vom 15. April 1909, daß er die auf Otto Obermeier übertragene Forderung zu 5000 M als Bestandteil der Konkursmasse beanspruche und deshalb den Anfechtungsprozeß aufnehme. Die gleiche Mitteilung machte er mit Brief vom 16. April 1909 dem Prozeßbevollmächtigten des Otto Obermeier.

In einer Sitzung des Gläubigerausschusses vom 24. April 1909 gab der Konkursverwalter den Mitgliedern des Gläubigerausschusses, von denen alle mit Ausnahme des Theodor Fuchs erschienen waren, den Stand des Anfechtungsprozesses und seine Erklärungen vom 15. und 16. April 1909 bekannt. Die anwesenden Mitglieder des

Gläubigerausschusses bezeichneten die Handlungsweise des Konkursverwalters als unzweckmäßig. Sie waren zwar darüber einig, daß die Anfechtung weiter verfolgt werden solle, weil die Übertragung der Forderung zu 5000 ℳ eine unentgeltliche Verfügung enthalte und vom Gemeinschuldner in der seinem Bruder Otto bekannten Absicht, die Gläubiger zu benachteiligen, vorgenommen worden sei. Sie machten jedoch geltend, daß die Aufnahme des Rechtsstreites gegen das Interesse der Konkursgläubiger verstoße, weil die Übertragung der Forderung zu 5000 ℳ von Theodor Fuchs nur bis zum Betrage von 2500 ℳ angefochten sei, die Forderung aber ganz zur Konkursmasse gezogen werden müsse. Ihre Ansicht ging dahin, daß die Aufnahme des anhängigen Anfechtungsprozesses hätte abgelehnt werden sollen und der Anfechtungsanspruch von dem Konkursverwalter durch Stellung einer neuen Klage zu verfolgen sei. Der Konkursverwalter erklärte, sich dieser Ansicht des Gläubigerausschusses fügen zu wollen. Er kam mit den anwesenden Mitgliedern des Gläubigerausschusses dahin überein, daß zu einem Widerrufe der Erklärungen vom 15. und 16. April 1909 kein Anlaß bestehe, da Theodor Fuchs als Mitglied des Gläubigerausschusses, Otto Obermeier als Prozeßgegner von der selbständigen Verfolgung des Anfechtungsanspruchs durch den Konkursverwalter ohnedies demnächst Kenntnis erhielten.

Mit am 5. Mai 1909 dem Otto Obermeier zugestellter und bei dem Landgerichte Rainburg eingereichter Klage focht der Konkursverwalter die am 4. März 1908 erfolgte Übertragung der Forderung zu 5000 ℳ an und beantragte, festzustellen, daß diese Forderungsübertragung den Konkursgläubigern gegenüber unwirksam sei.

In der mündlichen Verhandlung vom 9. Juni 1909 wiederholte der Prozeßbevollmächtigte der Klagepartei den Klageantrag unter Verlesung aus der Klageschrift und begründete ihn, wie folgt: Die Übertragung der Forderung sei als unentgeltliche Verfügung und auch aus dem Grunde anfechtbar, weil Richard Obermeier die Übertragung auch

in der seinem Bruder Otto bekannten Absicht, seine Gläubiger zu benachteiligen, vorgenommen habe. Aus den vorhandenen Geschäftsbüchern und Korrespondenzen des Richard Obermeier gehe hervor, daß Richard Obermeier schon am 4. März 1908 einer Zahlungseinstellung nahe gewesen sei.

Der Vertreter des Beklagten beantragte die Abweisung der Klage mit folgender Begründung: Der Klage stehe die Einrede der Rechtshängigkeit entgegen. Der Konkursverwalter habe den von Theodor Fuchs angestrengten Rechtsstreit bereits aufgenommen. Er könne daher die Übertragung der Forderung nicht nochmals im Prozeßweg anfechten. Die Unentgeltlichkeit der Verfügung sei nicht zu bestreiten. Ebenso werde nicht bestritten, daß Richard Obermeier am 4. März 1908 mit Zahlungsschwierigkeiten zu kämpfen gehabt habe. Davon habe aber Otto Obermeier erst Mitte Juli 1908 erfahren. Damals seien die Zahlungsschwierigkeiten im Geschäfte des Richard Obermeier längst überwunden gewesen. Daß Richard Obermeier die Absicht, seine Gläubiger zu benachteiligen, und Otto Obermeier Kenntnis von einer solchen Absicht gehabt habe, werde entschieden bestritten.

Der Prozeßbevollmächtigte der Klagepartei entgegnete: Von einer Rechtshängigkeit könne jedenfalls insoweit keine Rede sein, als der von dem Konkursverwalter selbständig verfolgte Anfechtungsanspruch im Gegensatze zu dem von Theodor Fuchs nur bis zur Hälfte der übertragenen Forderung geltend gemachten Anfechtungsansprüche sich gegen die Übertragung der ganzen Forderung von 5000 ℳ richte. Schließlich wurde von der Klagepartei dem Beklagten der Eid darüber zugeschoben, daß er nach sorgfältiger Prüfung und Erkundigung die Überzeugung nicht erlangt habe, daß Richard Obermeier bei der am 4. März 1908 erfolgten Übertragung der Forderung zu 5000 ℳ die Absicht hatte, seine Gläubiger zu benachteiligen, und daß ihm, dem Beklagten, eine solche Absicht nicht bekannt gewesen sei.

Auf die Frage des Vorsitzenden, ob der Zeitpunkt,

in dem Otto Obermeier von der Absicht der Gläubigerbenachteiligung Kenntnis erhalten haben soll, von der Klagepartei angegeben werden könne, erklärte deren Prozeßbevollmächtigter, daß der Konkursverwalter hierzu nicht in der Lage sei.

Der Vertreter des Beklagten bezeichnete die Eideszuschiebung als unzulässig, nahm aber für den Fall, daß das Gericht sie als zulässig erachten sollte, den Eid an und erklärte auf eine Frage des Verhandlungsleiters, daß er nicht bestreite, daß vom Gläubigerausschusse die Genehmigung zur Erhebung der Anfechtungsklage dem Konkursverwalter erteilt worden ist.

Sodann wurde Termin zur Verkündung der Entscheidung auf 16. Juni 1909 anberaumt.

3. Richard Obermeier hatte einen Teil seiner Wohnung, die er von dem Metzgermeister Josef Huber um 2500 ℳ für das Jahr gemietet und am 1. Juli 1905 bezogen hatte, mit Zustimmung des Vermieters seit dem 1. Juli 1907 gegen einen jährlichen Mietzins von 900 ℳ an den Bäckermeister Friedrich Berner überlassen. In den beiden Mietverträgen ist gleichlautend eine einjährige, nur am 1. Januar oder am 1. Juli zulässige Kündigung vereinbart. Ferner ist in beiden Mietverträgen bestimmt, daß der Mietzins halbjährig je am 1. Januar und 1. Juli zu bezahlen ist.

Einige Tage nach der Konkurseröffnung teilte der Konkursverwalter dem Metzgermeister Huber mit, daß er von dem ihm infolge der Konkurseröffnung zustehenden Kündigungsrechte Gebrauch mache und die Wohnung des Richard Obermeier für den 1. Juli 1909 kündige. Da jedoch Josef Huber Entschädigungsansprüche wegen der vorzeitigen Beendigung des Mietverhältnisses in Aussicht stellte und im Einverständnisse mit dem Gemeinschuldner die Fortsetzung des Mietverhältnisses bis zum 1. August 1909 vorschlug, weil er für diesen Zeitpunkt einen neuen passenden Mieter und der Gemeinschuldner eine besonders billige, jedoch erst am 1. August 1909 beziehbare Wohnung in einem Neubaue bekommen werde, schloß der Konkurs-

verwalter am 20. März 1909 mit Huber einen schriftlichen Vertrag des Inhalts ab, daß das Mietverhältnis erst am 1. August 1909 beendigt werden solle und die Konkursmasse den bis zu diesem Zeitpunkte sich berechnenden Mietzins zu bezahlen habe, Huber dagegen auf Entschädigungsansprüche verzichte. Nach Abschluß dieses Vertrages erklärte Josef Huber sowohl dem Konkursverwalter als auch dem Friedrich Berner, daß er die Räumung der Wohnung auch von Friedrich Berner für den 1. August 1909 verlange.

Nun machte aber Friedrich Berner einen Entschädigungsanspruch zu 350 ℳ als Masseforderung mit folgender Begründung geltend: Die vorzeitige Beendigung des Mietverhältnisses zwischen Richard Obermeier und Josef Huber habe auch die Beendigung des Untermietverhältnisses zwischen ihm und dem Gemeinschuldner zur Folge. Die ihm bisher von dem Gemeinschuldner vermietete Wohnung sei für ihn besonders günstig gelegen gewesen, weil er im Nachbarhause seine Backstube und seinen Bäckerladen habe. Nunmehr habe er eine andere Wohnung für einen jährlichen Mietzins von 1100 ℳ mieten müssen. Um einen billigeren Preis habe er eine andere, einigermaßen passende Wohnung nicht finden können. Einen weiteren Schaden erleide er dadurch, daß die neue Wohnung nicht mehr so nahe bei seiner Backstube und bei seinem Bäckerladen sei, so daß sein Geschäftsbetrieb erheblich erschwert werde. Obwohl sein Schaden bedeutend größer sei, wolle er sich mit einer Entschädigung von nur 350 ℳ begnügen.

Der Konkursverwalter erklärte, daß er den von Berner geltend gemachten Entschädigungsanspruch als Masseforderung nicht anerkennen wolle, da der Anspruch nur als Konkursforderung durch Anmeldung bei dem Konkursgerichte geltend gemacht werden könne.

Der Gläubigerausschuß stimmte dem Konkursverwalter zu.

4. Der Gemeinschuldner Richard Obermeier hatte gemeinschaftlich mit seinen beiden Freunden, dem Bankier

Leonhard Bachmann und dem Kaufmann August Freundlich im Herbste 1903 eine Waffensammlung um den Preis von 600 ℳ käuflich erworben. Die Waffensammlung hatte Freundlich im Einverständnisse mit den beiden anderen Käufern in Verwahrung genommen. Die in der Waffensammlung befindlichen schadhaften Stücke hatten die drei Miteigentümer von dem Kunstschlosser Rauber für 450 ℳ ausbessern lassen. Rauber hat die ausgebesserten Stücke am 20. Dezember 1903 an Freundlich abgeliefert. Freundlich und Bachmann haben je 150 ℳ am 1. Februar 1906 an Rauber bezahlt. Richard Obermeier dagegen leistete keine Zahlung. Schließlich verlangte Rauber von Bachmann die Bezahlung des Restbetrages zu 150 ℳ. Bachmann zahlte den Betrag am 10. Februar 1906. Der Konkursverwalter verkaufte am 6. April 1909 den Drittelsanteil des Gemeinschuldners an der Waffensammlung dem August Freundlich um 120 ℳ. Freundlich erlegte den Kaufpreis sofort. Bachmann erhielt von der Veräußerung erst am 12. April 1909 durch Freundlich Kenntnis.

Leonhard Bachmann verlangte nun am 27. April 1909 für seine Auslage von 150 ℳ abgesonderte Befriedigung aus dem Anteile des Gemeinschuldners an der Waffensammlung. Er behauptete, daß die Waffensammlung in ihrem jetzigen Zustand einen Wert von mindestens 900 ℳ habe und daß der Preis, um den der Konkursverwalter den Anteil des Gemeinschuldners an Freundlich verkauft habe, viel zu gering gewesen sei.

Bachmann und der Konkursverwalter kamen dahin überein, die Waffensammlung durch einen Sachverständigen schätzen zu lassen und dessen Gutachten als maßgebend anerkennen zu wollen. Das Gutachten lautete dahin, daß die Waffensammlung einen Wert von 810 ℳ habe.

Der Konkursverwalter, der im übrigen gegen die Richtigkeit des Sachverhalts keine Einwendungen erhob, bestritt nun mit dem Hinweise darauf, daß die Forderung des Rauber schon am 1. Februar 1906 verjährt gewesen sei und daß jedenfalls dem Anspruche des Bachmann

gegen Richard Obermeier die Einrede der Verjährung entgegenstehe, jede Verpflichtung der Konkursmasse zum Ersatze der von Bachmann für Richard Obermeier gezahlten 150 ℳ und lehnte insbesondere die Anerkennung eines Absonderungsrechtes ab.

5. Im allgemeinen Prüfungstermine vom 3. Juni 1909 war außer anderen Forderungen auch die Forderung des Kaufmanns Hubert Berger zu 6000 ℳ samt den bis zur Konkurseröffnung rückständigen Zinsen zu 150 ℳ für ein dem Gemeinschuldner am 9. September 1908 gegebenes, seit dem 1. März 1909 zur Heimzahlung fälliges Bardarlehen festgestellt worden.

Nachträglich kamen noch weitere Forderungen zur Anmeldung. Vom Konkursgerichte wurde deshalb ein weiterer Prüfungstermin auf den 12. August 1909 anberaumt.

Zur Prüfung in diesem Termine hatte auch der Hausbesitzer Thomas Leimer eine Forderung zu 3000 ℳ mit folgender Begründung angemeldet: Er habe für die Darlehensforderung des Berger zu 6000 ℳ bis zum Betrage von 3000 ℳ schriftlich Bürgschaft geleistet. Da Berger nach der Eröffnung des Konkurses über das Vermögen des Richard Obermeier unter Androhung von Klage Zahlung gefordert habe, habe er am 14. Juni 1909 den Betrag von 3000 ℳ bezahlt. Dadurch sei die Forderung des Berger auf 3150 ℳ herabgemindert worden und in Ansehung des Mehrbetrags auf ihn (Leimer) übergegangen.

Im Prüfungstermine vom 12. August 1909, in dem sich auch Berger eingefunden hatte, gab der Konkursverwalter bekannt, daß eine Konkursdividende von 25 % zur Verteilung gelange. Er machte hierauf den Vorschlag, Berger solle seine Konkursforderung um 3000 ℳ ermäßigen, und erklärte, daß wenn dies geschehe, er die Forderung des Leimer zu 3000 ℳ anerkennen werde.

Berger erklärte jedoch, daß er seine Konkursforderung im vollen Umfang aufrecht erhalte.

Der Konkursverwalter bestritt hierauf mit dem ausdrücklichen Beifügen, daß er gegen das tatsächliche Vor-

bringen des Leimer nichts einzuwenden habe, die Forderung des Leimer.

Es sind folgende Fragen zu beantworten:

1. Wie wäre der Rechtsstreit zwischen Theodor Fuchs und Otto Obermeier zu entscheiden gewesen, wenn eine Vertagung nicht erfolgt wäre?
2. Wie ist in dem von dem Konkursverwalter gegen Otto Obermeier angestrengten Anfechtungsprozesse zu entscheiden?
3. Hat der Konkursverwalter die Anerkennung des von Friedrich Berner geltend gemachten Entschädigungsanspruchs als Masseforderung mit Recht verweigert?
4. Hat der Konkursverwalter den Anspruch des Leonhard Bachmann mit Recht bestritten und die Anerkennung dieses Anspruchs als eines Anspruchs auf abgesonderte Befriedigung mit Recht verweigert?
5. Hat der Konkursverwalter die Forderung des Leimer mit Recht bestritten?

Die Antworten sind unter Würdigung aller von den Beteiligten geltend gemachten Gesichtspunkte zu begründen. Die tatsächlichen Behauptungen sind, soweit sie nicht ausdrücklich bestritten wurden, als richtig anzunehmen.

V. Aufgabe

aus dem Bürgerlichen Rechte und dem Zivilprozeßrechte.

I.

Am 30. Juni 1908 abends fuhr das 22 Jahre alte Dienstmädchen Bibiana Freundlich mit Erlaubnis ihres Dienstherrn, des Privatiers Anton Leiser in Anberg (Landgerichts Straubing), im staatlichen Postomnibus von Anberg nach dem 26 Kilometer entfernten Moosham (Landgerichts Landshut). Diese Omnibusfahrten führt auf Grund eines entgeltlichen Vertrags mit der Bayerischen

Postverwaltung (Oberpostdirektion Landshut) der Gastwirt und Posthalter Cyriakus Danzer in Anberg mit einem in seinem Eigentum stehenden Pferdezweigespann aus. Dieses wurde von dem schon mehrere Jahre im Dienste des Danzer befindlichen 30jährigen Postillon Adam Peitscher gelenkt.

Bibiana Freundlich führte in ihrem mit einem Deckel verschlossenen Handkörbchen eine junge Katze mit sich, um sie nach Moosham zu einer Schwester des Leiser, der Rauchfleischhändlerin Rosalie Sölch, zu verbringen. Die Sölch hatte sich nämlich gelegentlich eines Besuches unter den drei jungen Katzen des Leiser diese ausgesucht und sie von ihrem Bruder geschenkt erhalten, weil im Laden der Sölch, die mit ihrem Ehemann Johann Sölch, einem Postboten, in allgemeiner Gütergemeinschaft lebt und mit dessen Einwilligung ihr Erwerbsgeschäft selbständig betreibt, mangels einer Katze die Mäuse außerordentlich überhand genommen und viel Schaden angerichtet hatten. Die Sölch hatte gleichzeitig ihren Bruder ersucht, ihr in den nächsten Tagen gelegentlich die Katze durch die Freundlich zu schicken, und dieser versprochen, sie zahle ihr, „was es koste", und gebe ihr ein gutes Trinkgeld.

Die Freundlich wollte zuerst das Körbchen mit der Katze zum Postillon auf den Bock stellen, damit nicht etwa Mitreisende durch das Geschrei des jungen Tieres belästigt würden. Allein die Postagentin Anna Distl in Anberg hatte ihr bei Lösung des Reisescheines gesagt, sie solle die Katze ruhig in den Omnibus hineinnehmen, es fahre ohnehin außer ihr niemand mit. Dies traf auch zu.

Der Omnibus mußte unmittelbar vor dem Ausgange der Ortschaft Anberg eine hölzerne Brücke über den Anbach passieren, deren Unterhalt der Landgemeinde Anberg oblag. Weil die Tragbalken dieser Brücke stark vermorscht waren, hatte der Gemeindeausschuß schon vor längerer Zeit deren Auswechselung und die Übertragung dieser Arbeit an einen der beiden Zimmermeister in Anberg, namens Max Schlamp, beschlossen. Schlamp verzögerte aber unter allerlei Ausreden die Inangriffnahme der

höchstens zwei Tage erfordernden Ausbesserung, so daß der an Stelle des verreisten Bürgermeisters amtierende Beigeordnete Max Krumb bereits vierzehn Tage vor der Fahrt der Freundlich den Schlamp bedeutet hatte, diese Verzögerung sei unentschuldbar und wenn er, Krumb, nicht mit dem andern Zimmermeister so verfeindet und Schlamp nicht sein Gevattersmann wäre, so würde er die Auswechselung heute noch dem Konkurrenten übertragen; dann wäre die Brücke morgen gemacht. Schlamp tat aber auch jetzt noch nichts und so kam es, daß bei dem herrschenden schlechten Wetter die Tragbalken rasch weiter faulten und der eine bereits einen Bruch zeigte, als am Tage der Reise der Freundlich mittags der Bürgermeister Konrad Schieber selbst auf einem Spaziergange mit einem Freunde an der Brücke vorbeikam. Schieber besichtigte den Zustand der Brücke und äußerte zu seinem Begleiter, „jetzt habe er kaum die Amtsführung übernommen und solle sich schon wieder mißliebig machen; denn die Brücke gehöre eigentlich heute noch gesperrt, das mache aber wegen des großen Umwegs viel Unzufriedenheit, er lasse es jetzt einmal gehen, wie es gehe, es werde nicht gleich etwas passieren."

Als nun am gleichen Abend der von Bibiana Freundlich benützte Postomnibus über die Brücke fuhr, ließ der sonst sehr nüchterne, aber damals durch rasches Hineintrinken einiger Glas Bier ohne Wissen des Posthalters und der Postagentin etwas angetrunkene Postillon Peitscher die Pferde in gestrecktem Trab über die ihm als morsch bekannte Brücke laufen, obwohl die dem Peitscher wohlbekannte Bekanntmachung des K. Staatsministeriums des Innern vom 4. Januar 1872, die Sicherheit und Bequemlichkeit auf öffentlichen Wegen, Straßen und Plätzen betr. (Reg. Bl. S. 73) § 1 vorschreibt:

> „Es ist verboten, auf Brücken, die ganz oder teilweise aus Holz oder Eisen hergestellt sind, anders als im Schritte zu reiten oder zu fahren."

Zufolge der heftigen Erschütterung durch den schnellfahrenden schweren Omnibus brach ein weiterer Tragbalken

und stürzte mit einem weithin vernehmbaren Krach in die Tiefe. Die nicht mehr jungen und sonst ganz frommen Pferde erschraken hierwegen heftig, machten einen Seitensprung und rissen trotz der Bemühungen des durch die Angst plötzlich nüchtern gewordenen Postillons den Omnibus über das morsche Geländer in den angeschwollenen Anbach.

Bibiana Freundlich konnte sich mit genauer Not durch Hinausklettern aus dem Wagenfenster und Festhalten an einem Weidenast retten, wurde aber während des Sturzes von der aus dem zerdrückten Korb flüchtenden, sonst durchaus zahmen und zutraulichen Katze in die rechte Hand gebissen. Außerdem wurde ihr Sonntagsgewand durch Nässe und Schmutz völlig unbrauchbar und ihr neuer Hut fortgeschwemmt; auch ihren Reiseschein verlor sie. Die Katze verschwand spurlos.

Da die Hand sofort stark anschwoll und heftig schmerzte, nahm die Freundlich von der ohnehin zunächst unausführbar gewordenen Postfahrt Abstand und begab sich alsbald zum Arzt in Anberg, der sich über die Gefährlichkeit des Bisses sehr bedenklich äußerte und die Verletzte sofort in das Distriktskrankenhaus in Amtheim einwies. Dort lag sie mehrere Tage bewußtlos, hatte schweres Wundfieber und mußte unter Zuziehung zweier Spezialisten aus der Kreishauptstadt operiert und im ganzen 26 Wochen verpflegt werden. Bei der Entlassung war sie zwar geheilt, aber nach Ausspruch des Arztes der Gefahr wiederholter Erkrankung ausgesetzt und derart erwerbsbehindert, daß sie keinen Verdienst finden konnte, sondern sich bei ihrer selbst in bescheidenen Verhältnissen lebenden Mutter in Moosham, woselbst beide beheimatet waren, aufhalten mußte.

Acht Tage nach dem Unfall hatte sie nämlich ihr Dienstherr Leiser im Krankenhause besucht, ihr den Lohn für den ganzen laufenden Monat mit 16 Mark ausbezahlt und ihr nach einer Besprechung mit dem Krankenhausarzt über die voraussichtlich noch langwierige Krankheitsdauer wegen dieser Dienstunfähigkeit für Ende des Monats ge-

kündigt. Dabei schenkte er ihr noch eigens 30 Mark wegen ihrer guten Dienstleistungen mit dem Beifügen, ohne das Unglück, an dem er doch eigentlich wegen seiner Katze etwas mitschuld sei, hätte er sie noch lange behalten; das übrige werde sie dann schon von „dem Unfall" (d. h. der Reichsunfallversicherung) ersetzt erhalten. Bei der Polizei und bei der in Anberg auch für Dienstboten statutarisch eingeführten Gemeindekrankenversicherung habe er sie schon abgemeldet. Außerdem erzählte er ihr bei diesem Besuch das ganze Vorkommnis, das zur Unterlassung der Brückenreparatur geführt hatte.

Bibiana Freundlich war nach ihrer Entlassung aus dem Krankenhause mittellos. Sie war dort seit langer Zeit die teuerste Kranke gewesen. Die Aufwendungen für Ärzte (einschließlich der Spezialisten) und für Apotheke hatten allein schon 260 Mark betragen. Bei Leiser hatte die Freundlich außer 16 Mark Monatslohn noch freie Kost und Wohnung gehabt, die sie auf täglich 1 Mark veranschlagen konnte. In Anberg betrug nach der Bekanntmachung im Amtsblatt der ortsübliche Taglohn weiblicher erwachsener Arbeiter 1 Mark 20 Pfennig. Die Frau Sölch hatte der Freundlich das Reisegeld nicht ersetzt und sogar das versprochene Trinkgeld verweigert, weil sie ihr die Katze nicht gebracht habe.

Die Freundlich hatte Schritte zur Wahrung oder Geltendmachung ihrer Entschädigungsansprüche aus dem Unfalle bis zum 4. Dezember 1908 nicht getan. An diesem Tage begab sie sich auf Zureden ihrer Mutter nach Straubing, um sich zu erkundigen, welche Ansprüche sie geltend machen könne.

Kann Bibiana Freundlich aus dem Unfall Entschädigungsansprüche gegen den Postfiskus, den Posthalter Cyriakus Danzer, den Postillon Adam Peitscher, die Gemeinde Anberg, die Eheleute Sölch, den Dienstherrn Leiser und den Zimmermeister Schlamp geltend machen und bejahendenfalls aus welchem Rechtsgrunde und in welchem Umfange (ziffermäßige Berechnung ist nicht erforderlich)?

Würde sich in der Rechtslage eine Änderung ergeben, wenn der Unfalltag nicht der 30. Juni, sondern der 31. Mai 1908 gewesen wäre?

Die Antworten sind unter Anführung der einschlägigen Gesetzesstellen zu begründen; soweit die vorgängige Angehung anderer Behörden erforderlich ist, sind diese die Klagestellung vorbereitenden Maßnahmen ebenfalls anzugeben und zu begründen.

II.

Die Bibiana Freundlich wurde dahin beraten, sie solle zunächst nur den Posthalter Danzer auf Schmerzensgeld verklagen, da dieser doch versichert sei; die Klage sei aber zweckmäßigerweise auch gegen den Postillon Peitscher zu erheben, damit er dem Posthalter keinen Zeugen machen könne. In dieser Weise wurde die Klage auch tatsächlich auf samtverbindliche Zahlung von 1000 ℳ gegen Danzer und Peitscher zum Landgericht Straubing erhoben. Bei der mündlichen Verhandlung beantragte der gemeinsame Anwalt der beiden Beklagten Abweisung; für Danzer erklärte er, die Klagsbehauptungen könnten mangels eigenen Wissens von den Vorgängen von Danzer nicht zugegeben werden; für Peitscher bestritt er, daß ihm ein Verschulden zur Last falle. Die Angemessenheit des verlangten Schmerzensgeldes gab er zu.

Die Beweiserhebung ergab den unter Nr. I angeführten Tatbestand. Daraufhin erkannte der Anwalt der Beklagten für Danzer den Klaganspruch in der Hauptsache und im Kostenpunkt an, während er für Peitscher neuen Gegenbeweis anbot. Das Landgericht erließ darauf folgendes

Teil-Anerkenntnis-Urteil:

I. Der Mitbeklagte Danzer ist schuldig an die Klägerin 1000 ℳ Schmerzensgeld zu bezahlen.

II. Der Ausspruch unter I ist vorläufig vollstreckbar.

III. Die Entscheidung im Kostenpunkt wird dem Schlußurteil vorbehalten.

In der Richtung gegen Peitscher erging neuer Beweisbeschluß.

Dieses Urteil wurde durch Berufungsverzicht rechtskräftig.

Nunmehr trat Danzer in der Schlußverhandlung der Klägerin als Nebenintervenient bei, weil er als Dienstherr und auch wegen des allenfallsigen Rückgriffs ein Interesse am Unterliegen seines früheren Streitgenossen habe. Aus dem Prozesse sei er als Beklagter ausgeschieden, da er auch unbestritten die Urteilssumme bereits bezahlt habe.

Der neue Anwalt des Peitscher bestritt die Zulässigkeit einer solchen Nebenintervention, wenn er auch deren Form nicht beanstandete, und beantragte ohne Rücksicht auf das ihm ungünstige neuerliche Beweisergebnis Klagabweisung und Überbürdung der Kosten auf die Klägerin, da diese ihr Geld nach eigenem Vorbringen bereits erhalten habe. Der Anwalt der Klägerin erklärte, er könne die Klage gegen Peitscher nicht zurücknehmen, weil er damit seine Auftraggeberin kostenpflichtig machen würde; er gebe aber zu, daß sie auch von Peitscher nichts mehr zu fordern habe, und beschränke sich auf den Antrag im Kostenpunkt gegen Peitscher; gegen Danzer wolle er einen Antrag im Kostenpunkt vorerst nicht stellen.

Der Anwalt des Peitscher erklärte, ein Mittelding zwischen Klageaufrechterhaltung und Klagezurücknahme gebe es nicht; er beharre auf seinem Abweisungsantrag und fordere weiter, daß der Kostenausspruch von Amts wegen auch auf Danzer erstreckt werde.

Wie ist über die Zulässigkeit der Nebenintervention und zur Sache selbst (einschließlich des Kostenpunkts) zu entscheiden? Welche ordentlichen Rechtsmittel finden gegen die Entscheidung statt? Die Antwort ist unter Anführung der einschlägigen Gesetzesstellen zu begründen.

6

I. Aufgabe
aus dem Strafrecht und dem Strafprozeßrechte.

Die Strafkammer des Landgerichts Nordheim erließ in der öffentlichen Sitzung vom 22. November 1909 bei vorschriftsmäßiger Besetzung in der Strafsache gegen den Dienstknecht Andreas Reich von Steinhausen und Genossen wegen Meineids u. a. folgendes Urteil:

I. Die Angeklagten Karl Schwarz und Georg Müller, Dienstknechte von Steinhausen, werden freigesprochen.

II. Dagegen sind schuldig:

a) Andreas Reich, 17 Jahre alt, lediger Dienstknecht von Steinhausen, eines fortgesetzten Verbrechens des Meineids im begrifflichen Zusammenflusse mit einem Vergehen der Begünstigung,

b) Jakob Heß, 18 Jahre alt, lediger Dienstknecht von Steinhausen, eines Vergehens des fahrlässigen Falscheides,

c) Nepomuk Groß, 17 Jahre alt, lediger Bauernsohn von Steinhausen, eines Verbrechens der Anstiftung zum Verbrechen des Meineids im sachlichen Zusammenfluß mit einem fortgesetzten Verbrechen der unternommenen Verleitung zum Meineid und mit einem Vergehen der Begünstigung.

Demgemäß werden bestraft:

Reich mit einer Gefängnisstrafe von sechs Monaten,

Heß mit einer Gefängnisstrafe von einer Woche,

Groß mit einer Gesamtgefängnisstrafe von einem Jahre sechs Monaten.

.III Die zu Strafe verurteilten Angeklagten haben die Kosten des Strafverfahrens und der Strafvollstreckung zu tragen.

Gründe:

Am 7. Februar 1909 nachts gegen 11 Uhr erhielt in der Wirtschaft des Joseph Bauer in Steinhausen bei einem unter den Wirtsgästen ausgebrochenen Streit der 18 Jahre alte Dienstknecht Christoph Maier aus dem Nachbarorte Burgheim einen Stich in den Rücken. Der Verdacht, den

Maier gestochen zu haben, lenkte sich alsbald auf den 16 Jahre alten Franz Groß, den Sohn des reichsten Bauern der dortigen Gegend. In dem auf erstattete Anzeige eingeleiteten Ermittelungsverfahren wurden auf Ersuchen des Staatsanwalts zur Herbeiführung einer wahrheitsgemäßen Aussage über die Täterschaft die Dienstknechte Karl Schwarz, Andreas Reich und Jakob Heß von Steinhausen durch das Amtsgericht Berg als Zeugen eidlich vernommen. Die Vernehmung fand am 16. Februar 1909 statt. Die über 16 Jahre alten Zeugen wurden in gesetzlicher Weise beeidigt. Karl Schwarz erzählte den Anlaß des am 7. Februar 1909 in der Bauer'schen Wirtschaft entstandenen Streites; als er aber von dem Amtsrichter gefragt wurde, ob er gesehen habe, wer den Christoph Maier gestochen habe, antwortete er, er habe nicht gesehen, wer gestochen habe. Andreas Reich erklärte, er sei damals betrunken gewesen und wisse nichts von der ganzen Sache. Endlich Jakob Heß sagte aus, er habe dem Vorgang eine besondere Aufmerksamkeit nicht zugewendet; doch hätte er sehen müssen, wenn Franz Groß den Christoph Maier gestochen hätte, weil er in nächster Nähe des Franz Groß gesessen sei. Trotz dieser Aussagen wurde auf Grund anderweitiger belastender Momente gegen Franz Groß Anklage wegen gefährlicher Körperverletzung erhoben und das Hauptverfahren hierwegen eröffnet. In der Hauptverhandlung vom 9. März 1909 wurden die Dienstknechte Karl Schwarz und Andreas Reich abermals vernommen. Sie wurden gesetzlich beeidigt und wiederholten lediglich ihre vor dem Amtsgerichte Berg gemachten Aussagen. Der Dienstknecht Jakob Heß hatte inzwischen eine Stelle in Kiel angetreten. Zufolge Gerichtsbeschlusses war er, weil sein Erscheinen wegen großer Entfernung besonders erschwert gewesen sein würde, durch das Amtsgericht Kiel als Zeuge vernommen worden. Das Protokoll über seine Vernehmung wurde verlesen. Daraus ergab sich, daß der Zeuge die Richtigkeit seiner Aussage unter Berufung auf den am 16. Februar 1909 vor dem Amtsgerichte Berg geleisteten Eid versicherte und die damals gemachte Aus-

sage wiederholte. In dem Protokolle war ferner festgestellt, daß beim Beginne der Vernehmung, als der Zeuge die Richtigkeit seiner Aussage unter Berufung auf den früher geleisteten Eid versicherte, der Gerichtsschreiber nicht anwesend war. Zu der Hauptverhandlung vom 9. März 1909 hatte der Verteidiger des Franz Groß auf Betreiben des Bruders desselben, Nepomuk Groß, den 17 Jahre alten Dienstknecht Georg Müller von Steinhausen als Zeugen vorladen lassen. Dieser war auch erschienen und wurde nach gesetzlicher Beeidigung vernommen. Er gab an, er sei am 7. Februar an einem Nachbartische gesessen und habe gesehen, wie ein ihm fremder Bursche aus dem Nachbardorfe Heimberg einen Stich gegen Christoph Maier geführt habe. Da diese Angabe mit dem bisherigen Ergebnis der Beweiserhebung nicht übereinstimmte, machte ihm der Vorsitzende Vorhalt. Nun gab er zu, daß er zuverlässige Wahrnehmungen nicht gemacht habe und daß er möglicherweise sich in seinem stark betrunkenen Zustande nur eingebildet habe, daß der fremde Bursche nach dem Christoph Maier gestochen habe. Die Hauptverhandlung endigte mit der Freisprechung des Franz Groß, da dessen Schuld nicht zweifelsfrei festgestellt werden konnte. Kurze Zeit, nachdem dieses Urteil rechtskräftig geworden war, lief bei der Staatsanwaltschaft am 18. März 1909 ein von ihr an das Landgericht weitergegebenes Schreiben des Dienstknechtes Andreas Reich ein, worin er erklärte, sein Gewissen lasse ihm keine Ruhe, er habe vor dem Amtsgerichte Berg und in der Hauptverhandlung vor dem Landgerichte falsch geschworen; er habe deutlich gesehen, wie Franz Groß am 7. Februar 1909 sein Messer aus der Tasche genommen und gegen Christoph Maier gezückt hätte; der Bruder des Franz Groß, Nepomuk Groß, habe ihn zu der falschen Aussage gebracht; dieser habe auch andere Zeugen zum Meineid verleitet. Daraufhin wurde zunächst gegen Andreas Reich und Nepomuk Groß Voruntersuchung eingeleitet und diese sodann auf Karl Schwarz, Jakob Heß und Georg Müller ausgedehnt. Auf Grund des Ergebnisses der Voruntersuchung wurde entsprechend

dem staatsanwaltschaftlichen Antrage das Hauptverfahren gegen Schwarz, Reich, Heß und Müller wegen je eines Verbrechens des Meineids im begrifflichen Zusammenflusse mit einem Vergehen der Begünstigung und gegen Nepomuk Groß wegen vier Verbrechen der Anstiftung zu einem Verbrechen des Meineids im sachlichen Zusammenflusse mit einem Vergehen der Begünstigung eröffnet. Über diese Anklagepunkte hat die heutige Hauptverhandlung zu folgenden Feststellungen geführt: Der Angeklagte Karl Schwarz räumte selbst ein, daß er bei dem Streite in der Bauer'schen Wirtschaft am 7. Februar 1909 gesehen habe, wie Franz Groß sein Taschenmesser aus der Rocktasche gegenommen, geöffnet und kurze Zeit darauf — Christoph Maier hatte eben gerufen: „Ich bin gestochen" — wieder eingesteckt habe. Schwarz machte aber zu seiner Verteidigung geltend, er sei bei seinen wiederholten Vernehmungen am 16. Februar und 9. März 1909 nur gefragt worden, wer den Christoph Maier gestochen habe, und das habe er nicht gesehen, also habe er auch darüber keine Aussage machen können. Die von Schwarz wahrgenommene, aber nicht angegebene Tatsache war zweifellos für den Ausgang des Strafverfahrens gegen Franz Groß von wesentlicher Bedeutung. Allein ob Schwarz sich dessen klar bewußt war, konnte nicht festgestellt werden. Rechnete er aber nur mit der Möglichkeit, daß die Tatsache von Bedeutung sei, so ist der Tatbestand des § 154 StGB. nicht gegeben, der erfordert, daß der Schwörende weiß, die von ihm verschwiegene Tatsache sei von wesentlicher Bedeutung. Dagegen erfüllt das Verhalten des Angeklagten Schwarz bei seinen Vernehmungen am 16. Februar und 9. März 1909 den Tatbestand eines auf demselben Vorsatze beruhenden, daher fortgesetzten Vergehens der Begünstigung nach § 257 StGB. Schwarz hatte, als er es unterließ, auszusagen, was er über die Hantierung des Franz Groß mit seinem Taschenmesser wahrgenommen hatte, jedenfalls die Möglichkeit im Auge, dadurch dem Franz Groß zu nützen. Und auch für diesen Fall faßte er den Entschluß, seine Aussagen so einzurichten, wie er es

tat. Ob er seines Vorteils wegen dem Franz Groß Beistand leistete, kann dahin gestellt bleiben. Denn da er nach richterlicher Überzeugung die erforderliche Einsicht nicht besaß, daß die von ihm verübte Begünstigung strafbar sei, konnte er hierwegen überhaupt nicht bestraft werden. Der Angeklagte Schwarz ist deshalb freizusprechen. Dagegen ist der Angeklagte Andreas Reich durch sein eigenes Geständnis überführt, bei seinen eidlichen Vernehmungen am 16. Februar und 9. März 1909 die Eidespflicht wissentlich verletzt zu haben. Es liegt ein fortgesetztes Verbrechen des Meineides vor, da die beiden Verletzungen in der Begehungsform gleichartig waren und auf demselben Entschlusse beruhten. Dem Angeklagten kommt jedoch, wie keiner weiteren Ausführung bedarf, der Strafermäßigungsgrund des § 158 StGB. zugute. Aber auch auf den Strafermäßigungsgrund des § 157 Nr. 1 StGB. hat er Anspruch; daß ihm dieser für die Vernehmung vom 9. März 1909 zur Seite steht, ist nicht zu bezweifeln. Da aber eine einheitliche Handlung vorliegt, die bei der strafrechtlichen Beurteilung nicht zerspalten werden darf, sondern als Einheit gewürdigt werden muß, muß der Strafermäßigungsgrund des § 157 Nr. 1 StGB. die Strafe für die ganze Handlung beeinflussen. Bei seiner ersten Vernehmung am 16. Februar 1909 machte sich Reich, wie er gleichfalls zugibt, zugleich einer Begünstigung schuldig; dabei handelte er seines Vorteils wegen. Nepomuk Groß hatte ihm eine Belohnung in Aussicht gestellt, wenn er zu Gunsten seines Bruders Franz aussage. Dagegen traf mit der Aussage vom 9. März 1909 eine Begünstigung nicht zusammen, da hier Reich nicht ausschließlich im Auge hatte, dem Franz Groß förderlich zu sein, sondern auch im Falle einer Änderung seiner Aussage eine strafgerichtliche Verfolgung wegen seiner früheren Aussage befürchtete. Daß der Angeklagte Reich die nach § 56 StGB. erforderliche Einsicht besaß, steht außer Zweifel, wird doch schon in der Schule gelehrt, daß der Meineid ein schweres Verbrechen ist. Hienach ist der Angeklagte Reich nach §§ 154, 157 Nr. 1, 158 StGB. wegen eines fortgesetzten Ver-

brechens des Meineides zu bestrafen, mit dem, wenigstens bei einem Teil der Handlung, ein Vergehen der Begünstigung begrifflich zusammentrifft. Der Angeklagte Heß verletzte durch seine Aussage vor dem Amtsgerichte Berg am 16. Februar 1909 fahrlässig die Eidespflicht. Es kann ihm geglaubt werden, daß er damals nicht wider besseres Wissen die Unwahrheit sagte. Allein er war an dem Abende des 7. Februar 1909 stark angetrunken und befand sich infolgedessen in einem Zustande, daß er zuverlässige Wahrnehmungen überhaupt nicht machen konnte. Hätte er sich gewissenhaft geprüft und sein Gedächtnis pflichtgemäß angestrengt, so hätte er sich an seinen trunkenen Zustand erinnern und dann zum mindesten darüber zweifelhaft sein müssen, ob er zuverlässige Beobachtungen gemacht und diese seinem Gedächtnisse richtig eingeprägt habe. Bei der Vernehmung in Kiel kommt eine Verletzung der Eidespflicht überhaupt nicht in Frage. Die Versicherung der Richtigkeit der Aussage unter Berufung auf den am 16. Februar 1909 vor dem Amtsgericht Berg geleisteten Eid war prozessual unzulässig, auch fehlte bei der Abgabe der Versicherung die erforderliche zweite Urkundsperson, der Gerichtsschreiber. Eine der Ableistung eines Eides gleich zu achtende Versicherung unter Berufung auf einen bereits früher in derselben Angelegenheit geleisteten Eid liegt nicht vor. Für die Annahme eines Vergehens der Begünstigung fehlt der erforderliche subjektive Tatbestand. Heß ist demnach nur einer nach § 163 StGB. strafbaren fahrlässigen Verletzung der Eidespflicht schuldig. Auch der Eröffnungsbeschluß legte dem Angeklagten nur eine fortgesetzte Verletzung der Eidespflicht zur Last, eine Freisprechung wegen eines Teiles der Handlung ist unzulässig. Heß besaß bei seiner am 16. Februar 1909 erfolgten Vernehmung die nach § 56 StGB. erforderliche Einsicht, das Gericht schließt dies daraus, daß er in wenigen Monaten nach der Tat, im Mai 1909, das achtzehnte Lebensjahr vollendete. Der Angeklagte Georg Müller gab heute selbst zu, daß er bei seiner Vernehmung in der Hauptverhandlung vom 9. März 1909 infolge der Einwirkung des

Nepomuk Groß auf ihn entschlossen war, einen Meineid zu leisten, um den Franz Groß der Bestrafung zu entziehen, und daß er seine anfänglichen Angaben wider besseres Wissen gemacht hatte. Allein er verteidigte sich damit, daß er, bevor noch die Unwahrheit seiner Angaben entdeckt worden sei, diese zurückgenommen und durch eigene Tätigkeit das Zustandekommen einer unwahren Aussage abgewendet habe. Er berief sich somit auf den Strafausschließungsgrund des § 46 Nr. 2 StGB. Dieser war auch gegeben, weshalb der Angeklagte freizusprechen war, zumal auch der Versuch der Begünstigung nicht strafbar ist. Endlich ergab die heutige Hauptverhandlung in der Richtung gegen den Angeklagten Nepomuk Groß Folgendes: Nepomuk Groß ist durch die glaubhaften Angaben der Mitangeklagten überführt, alsbald nach dem 7. Februar 1909 und vor der Vernehmung vom 16. Februar 1909 im Auftrage seines inzwischen verstorbenen Vaters, der damals schon krank darniederlag, auf die Angeklagten Schwarz, Reich und Heß eingewirkt zu haben, um sie unter Versprechung von Geldgeschenken zu unwahren Aussagen zu Gunsten seines Bruders Franz zu bestimmen. Aus den Reden des Jakob Heß hatte er entnommen, daß dieser sich der Vorgänge vom 7. Februar 1909 nicht mehr recht erinnerte, er bestärkte ihn daher in dem Glauben, daß er es hätte sehen müssen, wenn Franz Groß den Christoph Maier gestochen hätte. Durch das Zeugnis der Mutter des Angeklagten Schwarz steht ferner fest, daß Nepomuk Groß diese aufsuchte und auf sie einredete, damit sie ihren Sohn Karl bestimme, seine Aussage zu Gunsten des Franz Groß einzurichten. Die Zeugin Schwarz hütete sich aber, ihrem Sohne etwas davon zu sagen. Schließlich wurde, insbesondere durch die Aussage des Angeklagten Müller, festgestellt, daß auch auf ihn Nepomuk Groß einwirkte, um ihn zu einer falschen Aussage zu Gunsten seines Bruders Franz zu bestimmen. Müller war in der ganzen Gegend als Trunkenbold bekannt und deshalb nahm Nepomuk Groß an, daß er für ein entsprechendes Trinkgeld zu gewinnen sein werde. Nepomuk Groß veranlaßte auch

durch den Verteidiger seines Bruders Franz die Vorladung dieses Zeugen zur Hauptverhandlung vom 9. März 1909. Dabei war Nepomuk Groß von vornherein von der Schuld seines Bruders Franz überzeugt und rechnete mit der Beeidigung der Zeugen. Hiernach hat Nepomuk Groß den Andreas Reich durch Versprechungen zum Meineid angestiftet. Der Anstifter ist wie der Täter zu bestrafen, deshalb kommen auch Nepomuk Groß die Strafermäßigungsgründe der §§ 157, 158 StGB. zu Gute. Bei Schwarz Heß und Müller kam es nicht zur Leistung eines Meineids; deshalb liegt auf Seiten des Angeklagten Nepomuk Groß nur unternommene Verleitung zum Meineide vor. Als solche stellt sich auch die Einwirkung auf die Zeugin Schwarz dar; doch kam es hier nur zum Versuch, da die Zeugin das Ansinnen des Nepomuk Groß ihrem Sohne Karl nicht mitteilte. Die Handlungen des Angeklagten Groß, die als teils versuchte, teils vollendete unternommene Verleitung zum Meineid zu beurteilen sind, sind als ein fortgesetztes Verbrechen aufzufassen, da sie dem einheitlichen Entschluß entsprungen sind, den Franz Groß der Bestrafung zu entziehen. Weiter machte sich der Angeklagte Groß eines Vergehens der Begünstigung dadurch schuldig, daß er die Ladung des „falschen" Zeugen Müller veranlaßte. Da alle die Anstiftung und die Beihilfe betreffenden Strafandrohungen gegenüber den gegen die Haupttat selbst gerichteten nur subsidiär sind, bedurfte es keiner Untersuchung, ob und in welchen Fällen sich Nepomuk Groß auch noch der Anstiftung zum Vergehen der Begünstigung schuldig gemacht hat. Die von Groß verübten Straftaten treffen unter sich sachlich zusammen. Das Gericht hegt keinen Zweifel, daß der Angeklagte die nach § 56 StGB. erforderliche Einsicht besaß, da er wissen mußte, wie moralisch verwerflich die von ihm verübten Taten sind.

Bei der Strafzumessung war vor allem bei sämtlichen Verurteilten der § 57 StGB. zu berücksichtigen. Bei Andreas Reich war im Hinblick auf § 73 StGB. die Strafe aus § 154 unter Berücksichtigung der §§ 157, 158 StGB.

zu finden; eine Gefängnisstrafe von sechs Monaten erschien angemessen. Die Tat des Heß wird mit einer Woche Gefängnis entsprechend gesühnt (§ 163 StGB.). Nepomuk Groß war wegen der Anstiftung zum Meineid ebenso zu bestrafen wie der angestiftete Reich (§ 48 StGB.), also mit sechs Monaten Gefängnis. Für das fortgesetzte teils vollendete, teils versuchte Verbrechen der unternommenen Meineidsverleitung erschien eine Gefängnisstrafe von einem Jahr angemessen. Das Vergehen der Begünstigung war angesichts der nahen verwandtschaftlichen Beziehungen zwischen dem Begünstiger und dem Begünstigten mit zwei Wochen Gefängnis zu bestrafen. Aus diesen Einzelstrafen war nach § 74 StGB. eine Gesamtstrafe von einem Jahr sechs Monaten zu bilden.

Soweit Verurteilung zur Strafe erfolgte, waren den Verurteilten die Kosten aufzuerlegen; soweit die Angeklagten freigesprochen wurden, fallen die Kosten der Staatskasse zur Last (§§ 496, 497 StPO.).

Gegen dieses Urteil legten der Staatsanwalt und die Angeklagten Reich, Heß und Groß rechtzeitig und rechtsförmlich die Revision zum Reichsgericht ein. Die Revision wurde sowohl vom Staatsanwalt als auch von den Angeklagten lediglich mit der Behauptung begründet, daß das materielle Recht verletzt sei. Die Revisionsschriften wurden nach § 387 StPO. zugestellt.

Wie hat das Revisionsgericht zu entscheiden?

Die Entscheidung ist zu begründen.

II. Aufgabe

aus dem Strafrecht und dem Strafprozeßrechte.

Der Verleger der täglich in Buchfeld erscheinenden Zeitung politischen Inhalts „Der Stadt- und Landbote", der Buchdruckereibesitzer Karl Korn daselbst, hatte mit dem Maurermeister und Steinbruchbesitzer Joseph Stein in

Feldheim ein Abkommen getroffen, wonach Stein verpflichtet war, für eine jährliche Bezahlung von 100 ℳ an jedem Morgen zur Zeit der Ausgabe des Blattes mit seinem Kraftfahrzeuge die für die Abonnenten in Feldheim bestimmten Exemplare abzuholen und in Feldheim zu verteilen. Sonstige dem Postzwang unterliegende Gegenstände von anderen Personen nach Feldheim mitzunehmen, war ihm unter Androhung einer hohen Konventionalstrafe verboten. „Der Stadt- und Landbote“ hatte in dem über zwei Meilen von Buchfeld entfernten, an der Eisenbahn gelegenen Feldheim, das ebenso wie Buchfeld eine eigene Postanstalt besitzt, zahlreiche Abonnenten. Da Stein am 3. Juli 1909 sein Kraftfahrzeug nicht benützen konnte, weil es bei der am vorhergegangenen Tage unternommenen Fahrt einen Schaden erlitten hatte, begab er sich mit dem Morgenzuge nach Buchfeld, nahm die für Feldheim bestimmten Zeitungsexemplare, die als großes Paket verpackt waren, in Empfang und beabsichtigte, sie bei der Rückfahrt nach Feldheim als Handgepäck mitzunehmen. Wie er in ein Abteil der dritten Wagenklasse einsteigen wollte, verwehrte ihm jedoch der Schaffner die Mitnahme des Paketes, da es zu groß sei, als daß es in dem Raum über oder unter dem Sitzplatze untergebracht werden konnte. Stein ließ anscheinend das Paket in den Händen des Dienstmannes zurück, der es zur Bahn gebracht hatte. Kurz, bevor sich der Zug in Bewegung setzte, ließ er es sich aber doch noch von dem Dienstmann in den Wagen reichen und nahm es mit. Von diesen Vorgängen hatte der Verleger Korn keine Kenntnis. Einige Tage später, am 12. Juli 1909, benützte Stein zur Fahrt nach Buchfeld zwar wiederum sein Kraftfahrzeug, allein, da er daselbst verschiedene Wareneinkäufe zu machen und infolgedessen in seinem Kraftwagen nicht genügenden Raum hatte, gab er die als Paket verpackten Zeitungsexemplare nach Feldheim als Expreßgut auf und nahm sie dort in Empfang, nachdem er in seinem Kraftfahrzeuge dahin zurückgekehrt war. Auch dies war dem Verleger Korn nicht bekannt. Als Stein am Nachmittage desselben Tages

sich in seinen unweit Feldheim gelegenen Steinbruch begab, fand er auf dem Wege unter einer über einen Graben führenden, jederzeit von Menschen begangenen Brücke drei zusammengebundene Dynamitpatronen, an die eine Zündschnur befestigt war. Wie das verkohlte Ende ersehen ließ, hatte die Zündschnur gebrannt, das Feuer war aber aus irgend welchem Grund erloschen. Offenbar war die Sprengung der Brücke beabsichtigt; dadurch wäre der einzige Zugang zu dem Steinbruch unpassierbar gemacht und der Betrieb des Steinbruchs gestört worden. Stein gedachte die Dynamitpatronen, von denen jede einen Wert von 5 ℳ hatte, bei dem Betriebe seines Steinbruchs zu verwerten und nahm sie an sich. Eine polizeiliche Erlaubnis zum Besitze und zur Aufbewahrung von Sprengstoffen hatte er nicht. Er brachte die Patronen, deren Gewicht weit unter 2½ Kilogramm blieb, in eine aus Stein erbaute Arbeitshütte, die zu dem über Tage betriebenen Steinbruch gehörte. Dortselbst legte er die Patronen unter einer Bank nieder und bedeckte sie leicht mit Erde. Die Arbeitshütte konnte nicht verschlossen werden; Stein befürchtete deshalb, die Dynamitpatronen könnten entwendet werden und daraus Unheil entstehen. Er teilte seinen Fund seinem Freunde Albert Reiß, der in Feldheim eine Handlung mit gemischten Waren betrieb, mit und wußte ihn durch Überredung zu bestimmen, daß er die Patronen aus der Arbeitshütte wegholte und in seinem Keller lagerte. Reiß besaß ebensowenig wie Stein, wie dieser auch wußte, die polizeiliche Erlaubnis zum Besitze und zur Aufbewahrung von Sprengstoffen. Bei dem Besuche der Arbeitshütte nahm Reiß wahr, daß Stein daselbst in einem Winkel mehrere Hirschstangen aufbewahrte. Stein hatte diese im Frühjahr 1909 in dem dem Steinbruch benachbarten Walde gefunden, in dem der Gutsbesitzer Müller in Feldheim jagdberechtigt war. Reiß fragte den Stein, wie er in den Besitz der Hirschstangen gekommen sei, und bat ihn, nachdem er von Stein den Sachverhalt erfahren hatte, ihm um 3 ℳ die Hirschstangen zu überlassen. Stein war damit einverstanden und händigte die

Hirschstangen dem Reiß aus. Reiß hatte früher das Gewerbe eines Drechslers betrieben. Vor einigen Wochen hatte er in Buchfeld in der Auslage des dortigen Drechslermeisters Dreher einen aus Hirschstangen hergestellten Papierkorb gesehen. Dieser Gegenstand hatte sein Interesse erregt und er hatte von dem Gehilfen des Dreher, Nikolaus Franz, der früher bei ihm Lehrling gewesen war, erfahren, daß Dreher für diesen Papierkorb den Schutz als Gebrauchsmuster verlangt und zu diesem Zwecke eine schriftliche Anmeldung beim Patentamte eingereicht habe. Franz zeigte dem Reiß auch Abschrift der Anmeldung. In dieser war als neue Gestaltung, die dem Gebrauchszweck dienen soll, angegeben, daß der Papierkorb durch sich kreuzende, auf dem Boden aufstehende und durch einen Reif unterhalb der Grube zusammengefaßte Hirschstangen gebildet sei. Das von Dreher angemeldete Modell wurde Ende Juli 1909 in die Rolle für Gebrauchsmuster eingetragen und die Eintragung durch den Reichsanzeiger bekannt gemacht. Anfang August 1909 machte sich Reiß daran, unter Verwendung eines Teiles der ihm von Stein überlassenen Hirschstangen den von Dreher hergestellten Papierkorb nachzubilden. Ob das von Dreher angemeldete Modell damals schon in die Rolle für Gebrauchsmuster eingetragen war, wußte er nicht, doch rechnete er mit dieser Möglichkeit. An der Neuheit und Schutzfähigkeit des Modells zweifelte er nicht. Die Nachbildung beabsichtigte er in seinem Geschäftsbetrieb zu verkaufen. Anfänglich gelang es ihm nicht, die Hirschstangen so anzuordnen, daß der Papierkorb fest und sicher stand. Er suchte deshalb den Nikolaus Franz auf und fragte ihn, wie die Hirschstangen angeordnet werden müßten, um einen festen und sicheren Stand des Papierkorbes zu ermöglichen. Franz verweigerte die Auskunft. Sein Meister hatte ihm den Kunstgriff erst gezeigt, nachdem er strengstes Stillschweigen hierüber versprochen hatte.. Als aber Reiß dem Franz ein Zehnmarkstück in die Hand drückte, zeigte ihm Franz die Art und Weise der Anordnung. Am 15. August 1909 gelang dem Reiß die Fertigstellung des Papierkorbes. Um den

Anschein zu erwecken, als habe der Drechslermeister Dreher in Buchfeld, der in der ganzen dortigen Gegend durch seine schönen und tüchtigen Arbeiten bekannt war, den Papierkorb hergestellt, und um dadurch den Papierkorb leichter und besser verkaufen zu können, versah er ihn nach der Fertigstellung mit dem Namen „Dreher" und stellte ihn so in seinem Auslagenfenster auf, daß dieser Name von der Straße aus deutlich lesbar war. Wie sich übrigens später herausstellte, war Dreher nicht der Erste, der Papierkörbe „gebildet durch sich kreuzende, auf dem Boden aufstehende und durch einen Reif unterhalb der Grube zusammengefaßte Hirschstangen" hergestellt hatte. Vor ihm hatte schon ein Fabrikant in Berlin derartige Papierkörbe angefertigt, ohne daß jedoch ein Schutz dieser Fabrikate durch die Eintragung in die Rolle für Gebrauchsmuster erfolgt war. Nur hatten die von dem Berliner Fabrikanten hergestellten Papierkörbe den Mangel, daß sie sehr leicht umfielen, während die von Dreher angefertigten fest und sicher standen. Als Reiß im September 1909 wieder einmal nach Buchfeld kam, sah er in dem Auslagenfenster des Dreher eine Lampe, deren Fuß aus einer Hirschstange hergestellt war. Die Art und Weise, wie die Hirschstange den Ölbehälter der Lampe umfaßte, war eigenartig und bot einen von dem Hersteller offenbar beabsichtigten ästhetischen Genuß. Die Lampe war ein Vorbild für die Gestaltung derartiger Industrieerzeugnisse. Auf einer individuellen, künstlerischen Auffassung beruhte jedoch die von Dreher geschaffene Gestaltung nicht, weil sie in ähnlicher Weise in Bronze schon hergestellt war. Neu war aber die Art und Weise, wie diese Form dem spröden Materiale der Hirschstange angepaßt war, und in dieser Beziehung hatte Dreher eine neue eigentümliche Individualform geschaffen. Neu war auch die Art und Weise der Verarbeitung der Hirschstange, die es ermöglichte, daß die Lampe fest und sicher stand. An der Lampe war ein Zettel mit der Aufschrift angebracht: „Zum Musterregister angemeldet." Von Franz erfuhr Reiß, daß Dreher die Lampe unter Einsendung einer Abbildung zur Eintragung

in das Musterregister angemeldet hatte, die Eintragung aber bisher noch nicht erfolgt war. Reiß stellte nun, da er davon überzeugt war, daß die von Dreher hergestellte Lampe etwas ganz Neues und Eigenartiges sei, und da er daher damit rechnete, die Lampe gut verkaufen zu können, aus einer der Hirschstangen, die er noch übrig hatte, einen Lampenfuß her, der genau dem von Dreher gefertigten glich; nur wählte er einen Ölbehälter von anderem Glase. Reiß verkaufte auch alsbald die Lampe an einen Liebhaber, dem er wahrheitsgemäß sagte, daß er die Lampe angefertigt habe. Nach dem Verkauf der Lampe wurde das von Dreher angemeldete Muster, wie Reiß von Franz erfuhr, in das Musterregister eingetragen. Reiß handelte auch in seinem Geschäft mit Schmieröl für Maschinen. Mitte Oktober 1909 veranlaßte er den Franz, seinem Meister Dreher dieses Schmieröl als besonders preiswert zu empfehlen. Dafür versprach er ihm, unter keinen Umständen zu verraten, daß er seinerzeit von ihm die Art und Weise der Anordnung der Hirschstangen zur Herstellung des Papierkorbes erfahren habe. Franz wußte, daß er seine gut bezahlte Stelle sofort verlieren würde, wenn sein Meister Dreher davon Kenntnis erhalte, daß er den bei Herstellung des Papierkorbes angewendeten Kunstgriff dem Reiß gezeigt hatte. Er suchte deshalb den Dreher zu überreden, künftighin das Schmieröl von Reiß zu beziehen. Dreher ließ sich jedoch nicht darauf ein, da er mit seinem bisherigen Lieferanten in Buchfeld durchaus zufrieden war. Reiß bezog sein Schmieröl aus derselben Quelle, wie der Lieferant Drehers; es war auch von derselben Beschaffenheit. Reiß war bereit, um den gleichen Preis dem Dreher das Schmieröl zu liefern, und zwar in das Haus. Reiß hatte das alles dem Franz mitgeteilt. Ende Oktober 1909 fiel Stein ein, daß die von ihm gefundenen Dynamitpatronen noch bei Reiß lagerten. Er ließ sie sich zurückgeben und beabsichtigte am nächsten Tage eine Sprengung in seinem Steinbruche vorzunehmen. Er verwahrte die Patronen wiederum in der Arbeitshütte. Eine polizeiliche Erlaubnis zum Besitze

und zur Aufbewahrung von Sprengstoffen hatte er sich inzwischen nicht verschafft. Infolge eines Streikes bestand damals Mangel an Arbeitskräften. Wenn auch der Steinbruch des Stein nach einer Entscheidung der zuständigen Kreisregierung, Kammer des Innern, nur vorübergehend und in geringem Umfange betrieben wurde, so wollte doch Stein gerade um jene Zeit eine Sprengung vornehmen und, um die hierzu nötigen Vorarbeiten möglichst rasch zu erledigen, stellte er seine beiden Söhne Georg und Michael als Arbeiter ein. Von diesen war der ältere Georg 17 Jahre, der jüngere Michael 12 Jahre alt. Ein Arbeitsbuch besaß keiner von beiden. Sie wurden nur an einem Vormittage von 8 Uhr bis 11 Uhr beschäftigt. Als dann gesprengt werden sollte, stellte sich heraus, daß die Dynamitpatronen versagten. Sie hatten dadurch, daß Reiß sie mangelhaft aufbewahrte, die Sprengkraft verloren.

Welche der vorstehend erwähnten Personen haben sich strafbarer Handlungen schuldig gemacht? Nach welchen gesetzlichen Bestimmungen hat die Bestrafung zu erfolgen? Die Antwort ist zu begründen. Soweit die Strafverfolgung von der Stellung eines Strafantrags bedingt ist, ist anzunehmen, daß dieser rechtzeitig und rechtsförmlich gestellt ist.

III. Aufgabe
aus dem Strafrecht und dem Strafprozeßrechte.

Die Strafkammer des Landgerichts Altenstadt hatte am 14. April 1909 gegen die ledigen Eisenbahnarbeiter von Burgheim, den 21 Jahre alten Wenzel Böhm und den 20 Jahre alten Stanislaus Pohl, wegen eines gemeinschaftlich verübten Verbrechens der Fälschung einer öffentlichen Urkunde im begrifflichen Zusammenfluß mit einem Vergehen des Betrugs das Hauptverfahren vor dem Schwurgerichte bei dem Landgericht Altenstadt er-

öffnet, und zwar „in der Erwägung, daß Böhm und Pohl hinreichend verdächtig sind, am 27. Februar 1909 in Steinberg gemeinschaftlich in rechtswidriger Absicht und in der Absicht, sich einen Vermögensvorteil zu verschaffen, eine inländische öffentliche Urkunde, einen Gepäckschein der bayerischen Staatseisenbahnenverwaltung, verfälscht und von derselben zum Zwecke einer Täuschung Gebrauch gemacht und durch die nämliche Handlung in der Absicht, sich einen rechtswidrigen Vermögensvorteil zu verschaffen, das Vermögen eines Anderen, des bayerischen Eisenbahnfiskus, dadurch beschädigt zu haben, daß sie durch Vorspiegelung falscher Tatsachen einen Irrtum erregten, indem sie auf dem von dem Beamten der Eisenbahnstation Steinberg ausgefertigten Gepäckschein Zahl und Gewicht der von ihnen aufgegebenen Gepäckstücke in der Weise änderten, daß sie fälschlich mehr Gepäckstücke mit einem größeren Gewicht als aufgegeben verzeichneten, und dann für die angeblich mehr aufgegebenen Gepäckstücke sich von der bayerischen Eisenbahnverwaltung Ersatz leisten ließen".

Am 4. Juni 1909 fand die Hauptverhandlung in dieser Strafsache vor dem Schwurgerichte bei dem Landgericht Altenstadt statt. Nach dem Sitzungsprotokoll waren 28 Geschworene erschienen. Der Vorsitzende ordnete die Zuziehung eines Ergänzungsgeschworenen an. Hierauf erklärte er, daß von den ausgelosten Geschworenen acht durch den Staatsanwalt und sieben durch die beiden Angeklagten abgelehnt werden könnten. Der Staatsanwalt lehnte zwei Geschworene ab, der Verteidiger des Angeklagten Böhm, der mit Zustimmung des Angeklagten Pohl für die beiden Angeklagten das Ablehnungsrecht ausübte, drei Geschworene. Nach Bildung der Geschworenenbank und nach Beeidigung der Geschworenen wurde in der Sache selbst verhandelt. Im Laufe der Verhandlung erhob der Staatsanwalt auf Grund der Aussage eines Zeugen gegen den Angeklagten Pohl die weitere Beschuldigung, Ende Mai 1909 an Orten, an denen zu jagen er nicht berechtigt gewesen sei, mit Schlingen und während der gesetzlichen Schonzeit die Jagd ausgeübt zu haben, indem er auf dem

Jagdgebiete des Apothekers Priller von Steinberg einen Rehbock in einer von ihm gestellten Schlinge gefangen und das noch lebende Wild in den Geisstall eines Taglöhners eingestellt habe. Der Staatsanwalt beantragte, auch diese Tat zum Gegenstande der Aburteilung zu machen. Der Angeklagte Pohl stimmte zu. Nach dem Schlusse der Beweisaufnahme wurden folgende vom Vorsitzenden entworfene Fragen verlesen:

Frage 1:

Ist der Angeklagte Wenzel Böhm schuldig, am 27. Februar 1909 in Steinberg gemeinschaftlich mit dem Angeklagten Pohl in rechtswidriger Absicht und in der Absicht, sich einen Vermögensvorteil zu verschaffen, eine inländische öffentliche Urkunde, einen Gepäckschein der bayerischen Staatseisenbahnenverwaltung, verfälscht und von derselben zum Zwecke einer Täuschung Gebrauch gemacht und durch die nämliche Handlung in der Absicht, sich einen rechtswidrigen Vermögensvorteil zu verschaffen, das Vermögen eines Anderen, des bayerischen Eisenbahnfiskus, dadurch beschädigt zu haben, daß er durch Vorspiegelung falscher Tatsachen einen Irrtum erregte?

Frage 2 zu beantworten im Falle der Bejahung der Frage 1: Sind bei der in Frage 1 bezeichneten Tat mildernde Umstände vorhanden?

Frage 3:

Ist der Angeklagte Stanislaus Pohl schuldig, am 27. Februar 1909 in Steinberg gemeinschaftlich mit dem Angeklagten Böhm in rechtswidriger Absicht und in der Absicht, sich einen Vermögensvorteil zu verschaffen, eine inländische öffentliche Urkunde, einen Gepäckschein der bayerischen Staatseisenbahnenverwaltung, verfälscht und von derselben zum Zwecke einer Täuschung Gebrauch gemacht und durch die nämliche Handlung in der Absicht, sich einen rechtswidrigen Vermögensvorteil zu verschaffen, das Vermögen eines Anderen, des bayerischen Eisenbahnfiskus, dadurch beschädigt zu haben, daß er durch Vorspiegelung falscher Tatsachen einen Irrtum erregte?

Frage 4 zu beantworten im Falle der Bejahung der Frage 3:

Sind bei der in Frage 3 bezeichneten Tat mildernde Umstände vorhanden?

Frage 5:

Ist der in Frage 3 genannte Angeklagte Stanislaus Pohl schuldig, Ende Mai 1909 an Orten, an denen er zu jagen nicht berechtigt war, auf dem Jagdgebiete des Apothekers Priller von Steinberg, die Jagd ausgeübt zu haben, indem er dem Wilde mit Schlingen und während der gesetzlichen Schonzeit nachstellte?

Die Fragestellung wurde von keiner Seite beanstandet. Die Geschworenen beantworteten die Fragen 1, 2 und 5 mit: „Ja" und die Frage 3 mit: „Nein". Die Frage 4 blieb unbeantwortet. Das Gericht erachtete den Spruch für unvollständig, da bei den Antworten auf die Fragen 1 und 3 das Stimmenverhältnis nicht angegeben war. Der Vorsitzende forderte daher die Geschworenen auf, sich in das Beratungszimmer zurückzubegeben, um dem gerügten Mangel abzuhelfen. Dabei machte er sie ausdrücklich darauf aufmerksam, daß sie bei ihrer erneuten Beratung an keinen Teil ihres früheren Spruches gebunden seien. Die Geschworenen zogen sich hierauf in das Beratungszimmer zurück und berichtigten ihren Spruch dahin, daß sie die Fragen 1 und 5 mit: „Ja, mit mehr als sieben Stimmen" beantworteten, zu der Antwort auf die Frage 1 aber den Zusatz machten: „Doch liegt eine öffentliche Urkunde nicht vor."

Nachdem dieser Spruch von dem Obmann kundgegeben und von dem Vorsitzenden und dem Gerichtsschreiber unterzeichnet worden war, entfernte sich der Geschworene August Hart, weil er die Dienstleistung des Geschworenen hiermit für beendigt ansah. Obwohl der Gerichtsbote dem August Hart sofort nachgesandt wurde, gelang es nicht, ihn noch im Gerichtsgebäude anzutreffen. Unter diesen Umständen wäre eine Zurückberufung dieses Geschworenen ohne eine längere Unterbrechung der Verhandlung nicht möglich gewesen. Der Vorsitzende veranlaßte deshalb den Ergän-

zungsgeschworenen Adalbert Gut an Stelle des August Hart einzutreten. Dies geschah, bevor die Angeklagten wiederum in das Sitzungszimmer eingetreten waren. Hierauf wurde den Angeklagten nach ihrem Wiedereintritt der Spruch der Geschworenen durch Verlesung verkündigt. Der Staatsanwalt und die Angeklagten wurden mit ihren Ausführungen und Anträgen gehört. Der Staatsanwalt beantragte, den Angeklagten Böhm wegen eines Verbrechens der Fälschung einer Privaturkunde im begrifflichen Zusammenfluß mit einem Vergehen des Betrugs bei dem Vorhandensein mildernder Umstände in eine Gefängnisstrafe von zwei Monaten zu verurteilen, den Angeklagten Pohl dagegen von der Anklage wegen eines Verbrechens der Urkundenfälschung im begrifflichen Zusammenfluß mit einem Vergehen des Betrugs freizusprechen, wegen eines qualifizierten Jagdvergehens aber in eine Gefängnisstrafe von drei Monaten zu verurteilen, ferner auf Einziehung der zur unberechtigten Jagdausübung benützten Schlinge und des gefangenen Rehbockes zu erkennen, endlich die Angeklagten, soweit sie zur Strafe verurteilt würden, in die Kosten zu verurteilen. Die Verteidiger der Angeklagten beantragten, soweit die Angeklagten nach dem Spruche der Geschworenen verurteilt werden müßten, auf das gesetzliche Mindestmaß zu erkennen. Der Verteidiger des Angeklagten Pohl machte noch geltend, der von dem Staatsanwalte gestellte Antrag auf Einziehung des Rehbockes sei gesetzlich nicht begründet. Die Angeklagten selbst erklärten, daß sie den Ausführungen ihrer Verteidiger nichts hinzuzufügen hätten. Hierauf zog sich das Gericht zur Beratung des Urteils zurück. Nach der Rückkehr in das Sitzungszimmer stand der Vorsitzende eben im Begriff, das Urteil zu verkünden, als der Angeklagte Pohl ohnmächtig wurde. Da nach dem eingeholten ärztlichen Gutachten nicht zu erwarten war, daß Pohl an diesem Tage wieder verhandlungsfähig werden würde, wurde die Verkündung des Urteils auf den folgenden Tag, den 5. Juni 1909, vertagt. An diesem Tage erschienen die sämtlichen Beteiligten mit Ausnahme des Ergänzungsgeschworenen

Gut und des Angeklagten Pohl. Der Ergänzungsgeschworene Gut war plötzlich erkrankt und hatte den Geschworenen Hart ersucht, für ihn einzutreten, was dieser auch tat. Der Verteidiger des Angeklagten Pohl erklärte, sein Klient sei auch heute noch nicht verhandlungsfähig, dessen Wiederherstellung werde voraussichtlich mehrere Tage in Anspruch nehmen. Diese Angaben wurden vom Gerichtsarzt bestätigt. Der Staatsanwalt und der Verteidiger des Angeklagten Böhm beantragten hierauf, das Urteil zu verkünden, da hierbei die Anwesenheit des Angeklagten Pohl nicht unbedingt erforderlich sei. Der Verteidiger des Angeklagten Pohl widersprach und beantragte, das Strafverfahren gegen Pohl von demjenigen gegen Böhm zu trennen und die Verhandlung gegen Pohl auszusetzen. Der Vorsitzende verkündete aber sofort folgendes Urteil: „Der Angeklagte Böhm ist eines Verbrechens der Fälschung einer Privaturkunde im begrifflichen Zusammenfluß mit einem Vergehen des Betrugs schuldig und wird hierwegen in eine Gefängnisstrafe von einem Monat verurteilt. Der Angeklagte Pohl wird von der Anklage wegen eines Verbrechens der Urkundenfälschung im begrifflichen Zusammenfluß mit einem Vergehen des Betrugs freigesprochen; dagegen ist er eines qualifizierten Jagdvergehens schuldig und wird deswegen in eine Gefängnisstrafe von zwei Monaten verurteilt. Soweit die Angeklagten zu Strafe verurteilt werden, haben sie auch die Kosten des Strafverfahrens und der Strafvollstreckung zu tragen. Die bei der unberechtigten Jagdausübung benutzte Schlinge und der gefangene Rehbock werden eingezogen." Die Gründe des Urteils nahmen auf den Spruch der Geschworenen Bezug und rechtfertigten die Strafzumessung.

Gegen dieses Urteil legte der Staatsanwalt mit schriftlicher Erklärung vom 6. Juni 1909, die noch an demselben Tage bei Gericht einlief, das Rechtsmittel der Revision insoweit ein, als der Angeklagte Pohl von der Anklage wegen eines Verbrechens der Urkundenfälschung im begrifflichen Zusammenfluß mit einem Vergehen des Betrugs freigesprochen worden war.

Der Angeklagte Pohl meldete am 7. Juni 1909 telephonisch bei dem Gerichtsschreiber des Landgerichts Altenstadt „die Berufung" gegen das erlassene Urteil an und bat, diese Erklärung zu Protokoll zu nehmen, was der Gerichtsschreiber mit dem Bemerken tat, daß ihm die Erklärung durch den Fernsprecher übermittelt worden sei. Mit Schriftsatz von dem nämlichen Tage, der auch an diesem Tage bei Gericht einlief, legte ferner für den Angeklagten Böhm dessen Verteidiger die Revision gegen das Urteil vom 5. Juni 1909 ein. Das Urteil wurde der Staatsanwaltschaft und den beiden Angeklagten am 8. Juni 1909 zugestellt. In den am 12. Juni 1909 in den Gerichtseinlauf gelangten Revisionsanträgen der Staatsanwaltschaft wurde geltend gemacht, die Antwort der Geschworenen auf Frage 1 und 3 sei widerspruchsvoll, da bei Frage 1 die Mitwirkung des Pohl bejaht, gleichwohl aber die Frage 3 verneint worden sei. Der Verteidiger des Angeklagten Böhm rügte in seinen am 13. Juni 1909 in den Gerichtseinlauf gelangten Revisionsanträgen, in denen er Aufhebung des Urteils, insoweit der Angeklagte Böhm verurteilt wurde, und Zurückverweisung in die Vorinstanz beantragte, Verletzung des materiellen Rechts und folgende prozessuale Verstöße: der Geschworene Hart sei nicht verhindert im Sinne des Gesetzes gewesen und hätte daher nicht durch den Ergänzungsgeschworenen Gut ersetzt werden dürfen; über den Fall der Verhinderung und der Ersetzung habe nicht der Vorsitzende, sondern das Gericht zu entscheiden, während hier der Vorsitzende den Ergänzungsgeschworenen Gut veranlaßt habe, an die Stelle des Geschworenen Hart zu treten; endlich sei am 5. Juni 1909 die Geschworenenbank nicht vorschriftsmäßig besetzt gewesen, weil an Stelle des Ergänzungsgeschworenen Gut wiederum der Geschworene Hart mitgewirkt habe. Am 14. Juni 1909 erschien der Angeklagte Pohl persönlich auf der Gerichtsschreiberei des Landgerichts Altenstadt und gab folgende Erklärung zu Protokoll des Gerichtsschreibers: „Ich berichtige meine am 7. Juni 1909 abgegebene Erklärung dahin, daß ich gegen das schwurgericht-

liche Urteil vom 5. Juni 1909 die Revision zum Reichsgericht einlege, aber nur insoweit, als ich durch das erwähnte Urteil verurteilt wurde. Ich rüge Verletzung des materiellen Rechts. Außerdem mache ich geltend: das Urteil ist in meiner Abwesenheit verkündet worden, das durfte nicht geschehen. Der Vorsitzende belehrte den Angeklagten Böhm und mich, wir seien nur berechtigt, 7 Geschworene abzulehnen; wir hatten aber das Recht, 8 Geschworene abzulehnen. Endlich ist der Ergänzungsgeschworene Gut in meiner Abwesenheit und, ohne daß ich gehört wurde, an die Stelle des Geschworenen Hart getreten". Die Revisionsschriften, darunter auch die Protokollerklärung des Pohl vom 14. Juni 1909, wurden nach § 387 St.P.O. zugestellt. Nur der Staatsanwalt gab rechtzeitig eine Gegenerklärung ab. Diese enthielt aber nur die Bemerkung, es sei richtig, daß die Angeklagten über die Zahl der ihnen gebührenden Ablehnungen falsch belehrt worden seien, allein auf diesem Verstoße könne das angefochtene Urteil unmöglich beruhen, weil die Angeklagten das Ablehnungsrecht nicht einmal erschöpft hätten.

Wie hat das Revisionsgericht zu entscheiden?

Die Entscheidung ist zu begründen. Die sämtlichen Revisionsrügen sind einzeln zu würdigen.

Praktischer Fall aus dem Justizfache.

Der bei dem bayerischen Landgerichte Weingarten zugelassene Rechtsanwalt Wolf reichte als Prozeßbevollmächtigter der Aktiengesellschaft Grundkreditbank München eine gegen den Privatmann Joseph Redlich in Weingarten gerichtete Klageschrift nebst einer Abschrift ein. Der Vorsitzende der Zivilkammer bestimmte Termin auf den 29. November 1909 vormittags 9 Uhr. Die Klageschrift mit der Terminsbestimmung wurde dem Beklagten am

9. November 1909 zugestellt. Joseph Redlich bestellte als Prozeßbevollmächtigten den beim Landgerichte Weingarten zugelassenen Rechtsanwalt Falk. Die Anwälte wechselten die erforderlichen Schriftsätze; Abschriften für das Gericht wurden auf der Gerichtsschreiberei niedergelegt. In der Sitzung vom 29. November 1909 war die Zivilkammer besetzt mit dem Landgerichtspräsidenten Ulmer und den Landgerichtsräten Baum und Stein; den Dienst des Gerichtsschreibers versah der Sekretär Jung.

Nach dem Aufrufe der Sache forderte der Vorsitzende die Rechtsanwälte zur Verlesung der Anträge auf. Der Rechtsanwalt Wolf verlas aus der Klageschrift den Antrag:

Das Landgericht wolle zu Recht erkennen:

1. Der Beklagte ist schuldig,
   a) an die Klägerin 140000 ℳ samt 4% Zinsen hieraus seit 1. Juli 1908 zu zahlen,
   b) anzuerkennen, daß der von ihm gegen den Verteilungsplan des Amtsgerichts Weingarten in der Zwangsversteigerung der Plan-Nummer 207 der Steuergemeinde Weingarten erhobene Widerspruch unbegründet ist, und einzuwilligen, daß der hinterlegte Betrag von 9000 ℳ an die Klägerin ausgezahlt wird.
2. Der Beklagte hat die Kosten des Rechtsstreits zu tragen.

Der Rechtsanwalt Falk verlas aus seinem vorbereitenden Schriftsatze den Antrag:

Das Landgericht wolle zu Recht erkennen:

1. Die Klage wird abgewiesen.
2. Die Klägerin hat die Kosten des Rechtsstreits zu tragen.

Zur Begründung des Klageantrags machte Rechtsanwalt Wolf geltend:

Der Rentner Hans Redlich in Weingarten bestellte im Jahre 1899 auf seinem bisher hypothekenfreien Hause Nr. 28 an der Hagenbeckstraße in Weingarten für ein Dar-

lehen der Grundkreditbank München zu 50000 ℳ eine Hypothek; die Hypothek wurde am 25. November 1899 in das Hypothekenbuch eingetragen. Er starb im Januar 1900 und wurde von seinen Söhnen Franz und Joseph als alleinigen Erben zu gleichen Teilen beerbt. Franz und Joseph Redlich wurden dadurch Eigentümer des Hauses Nr. 28 an der Hagenbeckstraße in Weingarten. Sie errichteten in diesem Hause ein Bau- und Baumaterialiengeschäft unter der Firma Franz Redlich und Cie. Unter dieser Firma wurde das Geschäft am 3. März 1900 in das Handelsregister des Amtsgerichts Weingarten eingetragen. Im Oktober 1900 wollten Franz und Joseph Redlich ihr Baugeschäft erweitern. Sie nahmen deshalb bei der Grundkreditbank München ein Darlehen von 70000 ℳ auf. Sie verpflichteten sich für das Darlehen gesamtverbindlich und bestellten dafür auf dem Hause Nr. 28 an der Hagenbeckstraße eine Hypothek ohne Brief; die Hypothek wurde am 9. November 1900 in das Grundbuch eingetragen. In den Darlehensbedingungen eines jeden der zwei Hypothekdarlehen ist bestimmt, daß es zu 4 % verzinslich und drei Monate nach erfolgter beiden Teilen freistehender Kündigung rückzahlbar sein solle; die Zinsen sollten halbjährlich je am 1. Juli und 2. Januar zu entrichten sein; sollte das Grundstück, auf dem die Hypothek lastet, zum Zwecke der Zwangsversteigerung oder der Zwangsverwaltung beschlagnahmt werden, so sollte das Kapital ohne Kündigung sofort zur Rückzahlung fällig sein.

Am 1. Dezember 1901 schied Joseph Redlich aus dem Geschäft aus. Franz Redlich übernahm das Geschäft mit Aktiven und Passiven und führte es unter der bisherigen Firma weiter. Das Haus Nr. 28 an der Hagenbeckstraße übernahm Franz Redlich zu Alleineigentum.

Franz Redlich bestellte am 25. Januar 1902 der Grundkreditbank München zur Sicherung eines ihm eingeräumten Bankkredits auf dem Hause Nr. 28 an der Hagenbeckstraße eine Sicherungshypothek im Betrage von 40000 ℳ; die Hypothek wurde am 26. Januar 1902 in das Grundbuch eingetragen.

Als Franz Redlich Ende 1902 an die Grundkreditbank München wiederum mit dem Ersuchen um Gewährung eines Darlehens herantrat, machte die Bank die Gewährung davon abhängig, daß Joseph Redlich, der seit seinem Ausscheiden aus dem Geschäfte als Rentner in Weingarten lebte, die Haftung für das Darlehen übernehme. Joseph Redlich wurde von diesem Vorschlage in Kenntnis gesetzt und gab schriftlich sein Einverständnis. Dementsprechend bestellte Franz Redlich am 3. Januar 1903 für ein Darlehen von 20000 ℳ der Grundkreditbank München auf seinem Hause Nr. 28 an der Hagenbeckstraße im Range vor der Kautionshypothek dieser Bank eine Briefhypothek; in der Urkunde wurde weiter bestimmt, die Hypothek solle vom 1. Januar 1903 an mit 4 % verzinslich und nach Ablauf von sechs Jahren auch ohne vorherige Kündigung sofort zahlbar sein. Auch verpflichtete sich Franz Redlich der Grundkreditbank gegenüber die Hypothek löschen zu lassen, wenn sie sich mit dem Eigentum in einer Person vereinige. Entsprechend diesen Vereinbarungen wurde im Grundbuch auf dem Hause Nr. 28 an der Hagenbeckstraße die Briefhypothek von 20000 ℳ im Range vor der Kautionshypothek sowie eine Vormerkung zur Sicherung des Anspruchs auf Löschung der Eigentümerhypothek eingetragen.

Im Juni 1903 verkaufte Franz Redlich sein Geschäft samt Aktiven und Passiven an den Baumeister Georg Greiner. Dieser führte das Geschäft unter der bisherigen Firma weiter und erhielt auch das Haus Nr. 28 an der Hagenbeckstraße sowie einen Bauplatz Plannummer 207 der Steuergemeinde Weingarten von Franz Redlich zu Eigentum übertragen. Mit der Grundkreditbank München vereinbarte Georg Greiner, daß die Kautionshypothek zu 40000 ℳ für den ihm zu gewährenden Kredit haften solle.

Am 5. August 1907 bestellte Georg Greiner zur Sicherung einer Darlehensforderung der Grundkreditbank München von 60000 ℳ Briefhypothek auf dem Bauplatze Plannummer 207 der Steuergemeinde Weingarten.

Am 13. Februar 1909 starb Franz Redlich. Er wurde

von seiner Witwe als alleinigen Erbin beerbt. Sein Nachlaß war sehr gering.

Am 14. März 1909 wurden das Haus Nr. 28 an der Hagenbeckstraße und der Bauplatz Plannummer 207 der Steuergemeinde Weingarten auf Antrag der Grundkreditbank München durch Beschluß des Amtsgerichts Weingarten zum Zwecke der Zwangsversteigerung und der Zwangsverwaltung beschlagnahmt. Das Haus Nr. 28 an der Hagenbeckstraße war schon am 20. Juni 1904 auf Antrag der Grundkreditbank München durch Beschluß des Amtsgerichts Weingarten zum Zwecke der Zwangsversteigerung beschlagnahmt gewesen. Diese Beschlagnahme wurde wieder aufgehoben, weil die Bank am 13. Juli 1904 den Antrag zurückgenommen und das Amtsgericht deshalb am 14. Juli das Zwangsversteigerungsverfahren aufgehoben hatte. Auch diesmal wurde die Zwangsversteigerung des Hauses Nr. 28 nicht durchgeführt, vielmehr das Versteigerungsverfahren auf Antrag der Bank am 8. August 1909 eingestellt. Die Zwangsverwaltung des Hauses Nr. 28 blieb jedoch aufrecht.

Der Bauplatz Pl.-Nr. 207 wurde am 15. August 1909 versteigert. Nach dem Zuschlage erwirkte Joseph Redlich einen Pfändungs- und Überweisungsbeschluß des Amtsgerichts Weingarten vom 4. Oktober 1909, durch den wegen seiner vollstreckbaren Forderung von 9000 *M* gegen Georg Greiner dessen angeblicher Anspruch auf Auszahlung desjenigen Teiles des Versteigerungserlöses, der auf eine dem Georg Greiner zustehende Eigentümergrundschuld entfalle, für ihn gepfändet und ihm zur Einziehung überwiesen wurde. Der Beschluß wurde am 5. Oktober 1909 dem Georg Greiner zugestellt. Im Verteilungsplane war der nach Abzug der Kosten verfügbare Rest des Versteigerungserlöses von 59000 *M* der Grundkreditbank München zur teilweisen Befriedigung ihrer Hypothek von 60000 *M* zugeteilt worden; alle anderen Ansprüche sollten ausfallen. Im Verteilungstermine vom 17. Oktober 1909 erhob jedoch Joseph Redlich in Höhe von 9000 *M* Widerspruch. Dieser Betrag wurde hinterlegt. Der Widerspruch stützt sich dar-

auf, daß die Grundkreditbank München auf die Hypothek höchstens 50000 ℳ Valuta gezahlt habe, der Restbetrag der Hypothek sei daher zur Eigentümerhypothek geworden und somit stehe der hierauf entfallende Teil des Versteigerungserlöses dem Georg Greiner bzw. auf Grund der Pfändung dem Joseph Redlich zu. Allein dieser Widerspruch ist schon deshalb unbegründet, weil die Pfändung und Überweisung des auf die angebliche Eigentümerhypothek des Georg Greiner entfallenden Teiles des Versteigerungserlöses nicht rechtswirksam erfolgt ist; denn zur ordnungsgemäßen Pfändung hätte es der Übergabe des Hypothekenbriefs bedurft.

Hierdurch rechtfertigt sich der Klageantrag 1 b.

Was aber den Klageantrag 1 a betrifft, so schuldet Georg Greiner der Grundkreditbank München aus dem ihm gewährten Bankkredite den Betrag von 25000 ℳ; für diese Schuld hat die Grundkreditbank München unterm 10. März 1909 einen inzwischen rechtskräftig gewordenen Vollstreckungsbefehl gegen Georg Greiner erwirkt. Auf Grund desselben wurde bei Georg Greiner die Pfändung versucht, ausweislich des Pfändungsprotokolls des Gerichtsvollziehers Häberle in Weingarten vom 5. Juli 1909 jedoch ohne Erfolg.

Die Zinsen aus den auf dem Hause Nr. 28 an der Hagenbeckstraße lastenden Hypotheken waren schon seit dem 1. Juli 1908 rückständig.

Am 1. November 1909 forderte die Grundkreditbank München den Joseph Redlich unter Hinweis auf die Beschlagnahme des Hauses Nr. 28 an der Hagenbeckstraße und auf die von Joseph Redlich für die Hypothek zu 20000 ℳ übernommene Haftung auf, ihr die 140000 ℳ sowie die 4 %igen Zinsen hieraus seit dem 1. Juli 1908 zu zahlen. Joseph Redlich verweigerte jedoch die Zahlung.

Der Rechtsanwalt Falk führte sodann aus:

Als Joseph Redlich seinem Bruder Franz am 1. Dezember 1901 das Haus an der Hagenbeckstraße zum Alleineigentum übertrug, übernahm Franz Redlich die auf dem Hause ruhenden Hypotheken in Anrechnung auf den Preis,

den er für die Übernahme des Baugeschäftes zu zahlen hatte. Von der Übernahme der Hypotheken durch Franz Redlich wurde die Grundkreditbank benachrichtigt, nachdem das Haus im Grundbuch auf Franz Redlich als alleinigen Eigentümer umgeschrieben worden war. Die Bank erteilte hierauf keine Antwort, nahm aber den Zins für die Hypotheken von Franz Redlich entgegen; als die 1902 fällig gewesenen Zinsen nicht pünktlich gezahlt wurden, forderte sie sogar Franz Redlich auf, bei Meidung gerichtlicher Schritte sofort zu zahlen. Die Bank hat hiernach die Schuldübernahme genehmigt und Joseph Redlich ist von der Haftung für die Hypotheken frei geworden.

Für das Hypothekdarlehen zu 70000 ℳ haftet er aber auch aus einem anderen Grunde nicht mehr. Sein Ausscheiden aus dem Gesellschaftsverhältnisse mit seinem Bruder und die Übernahme des Geschäfts samt Aktiven und Passiven wurden am 3. Dezember 1901 in das Handelsregister des Amtsgerichts Weingarten eingetragen. Zugleich wurden der Austritt des Joseph Redlich und die Übernahme des Geschäfts durch Franz Redlich allein in einem Zirkulare allen Personen mitgeteilt, mit denen die Firma Redlich u. Cie. in Geschäftsverbindung gestanden war. Auch die Grundkreditbank München erhielt ein solches Zirkular. Nach den Vorschriften des Handelsgesetzbuchs ist damit die Haftung des Joseph Redlich für die Verbindlichkeiten aus dem Geschäfte — und zu diesen gehört das Hypothekdarlehen zu 70000 ℳ — erloschen; jedenfalls ist jetzt, nachdem seit dem Austritte des Joseph Redlich mehr als 8 Jahre verstrichen sind, die Verjährung eingetreten.

Daß Joseph Redlich die Haftung für das Darlehen zu 20000 ℳ übernommen habe, muß ich entschieden bestreiten. Die Bank gab ihm allerdings von dem Vorschlage Kenntnis, daß auf das Haus Nr. 28 eine neue Hypothek von 15000 bis 20000 ℳ eingetragen werden solle; sie knüpfte daran das Verlangen, daß er für die neue Hypothek haften solle, und zwar wollte sie, daß er als selbstschuldnerischer Bürge die Haftung für das Dar-

lehen übernehme. Allein Joseph Redlich gab der Bank auf diese Mitteilung überhaupt keine Antwort, vielmehr schrieb er an seinen Bruder Franz folgenden Brief, von dem er noch Abschrift besitzt:

„Weingarten, den 23. Dezember 1902.

Lieber Bruder!

Mit Erstaunen entnehme ich einem Briefe der Grundkreditbank München, daß Du bei dieser schon wieder ein Hypothekkapital von 15 000 bis 20 000 ℳ aufnehmen willst. Die Bank verlangt von mir, daß ich die volle persönliche Haftung als Bürge und Selbstzahler übernehme. Allein dazu kann ich mich nicht verstehen. Um Dir aber entgegenzukommen, will ich hiermit für Dich die einfache Haftung für das bei der Grundkreditbank aufzunehmende Hypothekdarlehen von 15 000 ℳ übernehmen.

Mit bestem Gruße

Dein

Joseph."

Franz Redlich schrieb dann an Joseph Redlich, daß er, wie er sich jetzt überzeugt habe, 20 000 ℳ brauche, und bat ihn seine Haftung um die 5000 ℳ zu erhöhen.

Hierauf erwiderte ihm Joseph Redlich in folgendem Briefe, von dem er gleichfalls noch Abschrift besitzt:

„Weingarten, 26. XII. 02.

Lieber Bruder!

Ich will Deiner Bitte entsprechend für weitere 5000 ℳ Darlehen der Grundkreditbank München die Haftung für Dich übernehmen, bitte mir aber aus, daß ich nun meine Ruhe habe. Mit noch mehr könnte ich beim besten Willen nicht für Dich eintreten.

Mit Gruß!

Joseph Redlich."

In diesen Briefen kann eine gültige Bürgschaft schon deshalb nicht gefunden werden, weil die Bürgschaft einen Vertrag zwischen dem Gläubiger und dem Bürgen voraussetzt. Hier liegen nur Briefe des Inhalts vor, daß künftig eine Bürgschaft übernommen werden soll, und diese briefliche Erklärung ist dem Hauptschuldner gegenüber abgegeben. Abgesehen davon fehlt es an den gesetzlichen Formerfordernissen. Es fehlt insbesondere der Ausdruck „Bürgschaft".

Rechtsanwalt Falk übergab die von ihm verlesenen Abschriften der Briefe und fuhr sodann fort:

Was den Klageantrag zu 1 b betrifft, so ist die Pfändung und Überweisung des auf die Eigentümerhypothek des Greiner entfallenden Teiles des Versteigerungserlöses in Ordnung. Hierüber hat übrigens nicht das Prozeßgericht zu erkennen; wenn die Klägerin glaubt, daß die Pfändung und die Überweisung nicht richtig erfolgt sind, so hätte sie Beschwerde zum Vollstreckungsgerichte einlegen sollen. Das hat sie nicht getan, sie wäre also mit ihrer Einwendung selbst dann ausgeschlossen, wenn diese zutreffend wäre.

Die fragliche Hypothek ist allerdings im Grundbuch als eine Hypothek zur Sicherung eines Darlehens von 60 000 M eingetragen; in der dieser Eintragung zu Grunde liegenden Eintragungsbewilligung hat auch Georg Greiner sich zum Empfange eines Darlehens von 60 000 M bekannt. Allein zur Zeit der am 5. August 1907 erfolgten Eintragung der Hypothek stand der Klägerin gegen Georg Greiner eine Forderung aus bereits gewährten Darlehen zum ganzen Betrage von 60 000 M nicht zu. Wie groß der Betrag ist, zu dem die Hypothek der Grundkreditbank nicht valutierte, weiß ich nicht. Es ist auch nicht Sache des dem Verteilungsplane Widersprechenden dies darzulegen, sondern bei der akzessorischen Natur der Hypothek muß der Hypothekengläubiger darlegen, daß für ihn die Hypothek wirklich entstanden ist, weil er die Darlehensvaluta gegeben hat. Ich behaupte also, daß mindestens 9000 M nicht valutiert und damit zur Eigentümerhypothek geworden sind. Ich erwarte von der Klägerin den Beweis,

daß die ganze Darlehensvaluta auch wirklich ausgezahlt worden ist.

Der Rechtsanwalt Wolf erwiderte:

Die Haftung des Joseph Redlich für die Hypotheken soll durch die Schuldübernahme des Franz Redlich erloschen sein. Daß diese Rechtsauffassung völlig verfehlt ist, ergibt sich schon daraus, daß der Bank nicht einmal eine Abschrift des Vertrags mitgeteilt wurde, durch den Franz Redlich die Hypotheken als Alleinschuldner übernahm. Noch weniger wurde die Bank bei der Mitteilung der Schuldübernahme darauf hingewiesen, daß, wenn sie die Genehmigung der Schuldübernahme nicht innerhalb 6 Monaten verweigere, der Übernehmer an die Stelle des bisherigen Schuldners tritt. Die Mitteilung an die Bank ging überdies von Franz Redlich aus, während sie doch von Joseph Redlich hätte ausgehen müssen, um befreiende Wirkung zu haben.

Noch weniger kann die Rede davon sein, daß die Haftung des Joseph Redlich durch Verjährung erloschen ist. Denn es handelt sich um Hypotheken, diese unterliegen nicht der kurzen Verjährung, welche das Handelsgesetzbuch zu Gunsten des Veräußerers eines Handelsgeschäfts für den Fall bestimmt, daß der Übernehmer des Geschäfts für die Passiven haftet.

Auch die Beanstandung, daß Joseph Redlich nicht für das Darlehen von 20000 ℳ Bürgschaft leistete, muß ich als unzutreffend zurückweisen. Joseph Redlich gibt selbst zu, von der Bank benachrichtigt worden zu sein, daß diese das Darlehen nur gebe, wenn er Bürge werde. Er schrieb dann seinem Bruder zwei Briefe, in welchen er erklärte, daß er die Haftung übernehme. Diese Briefe zeigte Franz Redlich der Bank und auf dies hin wurde ihm das Darlehen gewährt. Daß Franz Redlich, als er die Briefe, in denen sein Bruder Joseph die Haftung für das Darlehen übernimmt, der Bank zeigte, mit Wissen und Willen des Joseph Redlich handelte, wird dieser sicher nicht bestreiten können.

übrigens, wenn die briefliche Erklärung des Joseph Redlich keine Bürgschaft enthält, so liegt in ihr jedenfalls eine kumulative Schuldübernahme, diese aber ist formfrei.

Richtig ist, daß am 5. August 1907 die Grundkreditbank dem Georg Greiner noch nicht 60000 ℳ Darlehen gegeben hatte. Allein die Grundkreditbank hatte schon vor der Eintragung ins Grundbuch mit Georg Greiner die Vereinbarung getroffen, daß die Hypothek zur Sicherung für alle Forderungen, die ihr aus der Geschäftsverbindung mit Georg Greiner bereits zustünden und künftig erwachsen würden, dienen solle. Die Bank hat aber dem Georg Greiner für den Bauplatz Pl.-Nr. 207 der Steuergemeinde Weingarten ein Baugelddarlehen von 40000 ℳ und für zwei andere Grundstücke an Baugeldern 25000 ℳ gegeben; die für das erstere Grundstück gegebenen 40000 ℳ sind vor dem 5. August 1907, die Baugelder für die zwei anderen Grundstücke sind nach diesem Zeitpunkte gewährt worden.

Der Rechtsanwalt Falk entgegnete sodann:

Wenn die Klägerin die Haftung des Joseph Redlich für die Hypothek von 20000 ℳ jetzt auf eine kumulative Schuldübernahme stützen will, so liegt hierin eine Klageänderung, der ich mich widersetze. Abgesehen davon kann in den Briefen des Joseph Redlich auch gar keine kumulative Schuldübernahme gefunden werden.

Übrigens, wenn Joseph Redlich wirklich als Bürge anzusehen ist, so mache ich die Einrede der Vorausklage geltend. Denn erst muß Franz Redlich, bzw. weil dieser schon gestorben ist, sein Erbe von der Klägerin vergeblich in Anspruch genommen werden, ehe sie auf den Bürgen greifen darf.

Weiter verlange ich von der Klägerin, daß sie, wenn der Beklagte ihr die 20000 ℳ zahlt, ihm ihre Ansprüche gegen den Erben des Franz Redlich abtritt und anerkennt, daß Joseph Redlich in die Hypothek von 20000 ℳ einrückt und zwar im Range vor der Sicherungshypothek der Bank zu 40000 ℳ. Den gleichen Anspruch auf Anerkennung, daß die Hypothek zu 20000 ℳ im bezeichneten Range

auf Joseph Redlich übergeht, erhebe ich übrigens auch, wenn angenommen werden sollte, daß Joseph Redlich für die 20000 *M* auf Grund kumulativer Schuldübernahme haftet.

Es freut mich, von der Klägerin bestätigt zu hören, daß sie in der Tat die Valuta für die Darlehenshypothek zu 60000 *M* nur bis zum Betrage von 40000 *M* gewährt hat. Ich bestreite, daß sie dem Georg Greiner für zwei weitere Grundstücke noch 25000 *M* Baugeld gegeben und mit ihm vereinbart hat, diese Baugelder sollten als durch die auf dem Grundstücke Pl. Nr. 207 im voraus eingetragene Hypothek gesichert gelten. Eine solche Vereinbarung wäre ja auch rechtlich unzulässig. Dem Beweise der Klägerin, daß wirklich die 25000 *M* gegeben worden sind, sehe ich entgegen.

Rechtsanwalt Wolf erwiderte sodann:

Die Einrede der Vorausklage ist unbegründet, weil der Hauptschuldner Greiner in der Tat von der Bank belangt, bei ihm jedoch die Zwangsvollstreckung vergeblich versucht worden ist. Daß der Erbe des Franz Redlich vorher in Anspruch genommen wird, kann Joseph Redlich als Bürge nicht verlangen. Georg Greiner hat die Schuld, für welche die Bürgschaft besteht, übernommen; wenn dadurch auch Franz Redlich nicht befreit worden ist, so erscheint er bzw. seine Witwe als seine Alleinerbin doch für die Bürgschaft nicht als Hauptschuldner. Übrigens ist der Nachlaß des Franz Redlich höchstens so groß, daß aus ihm die Summe von 1000 *M* beigetrieben werden könnte.

Der Anspruch der Bank gegen den Erben des Franz Redlich braucht an den Beklagten, wenn er als Bürge zahlt, nicht abgetreten zu werden, da der Anspruch auf ihn kraft Gesetzes übergeht. Allein die Hypothek für die Forderung, für welche die Bürgschaft besteht, geht auf Joseph Redlich nicht über; denn Franz Redlich hat sich verpflichtet, die Hypothek zur Löschung zu bringen, wenn sie sich mit dem Eigentum in einer Person vereinigt. Dieser Anspruch der Bank auf Löschung der Hypothek ist durch eine Vor-

merkung gesichert. Der Beklagte muß ihn gegen sich gelten lassen. Jedenfalls aber kann er die Hypothek, selbst wenn sie auf ihn übergehen sollte, nicht zum Nachteile der Klägerin geltend machen. Er kann also nur verlangen, daß er mit der Hypothek hinter der Kautionshypothek der Bank zum Zuge kommt.

Rechtsanwalt Falk erwiderte hierauf:

Die Klägerin bestreitet also, daß die Hypothek zu 20000 ℳ auf den Beklagten, wenn er die Klägerin bezahlt, übergeht, und sie verlangt, daß, wenn die Hypothek auf ihn doch übergehen sollte, die Hypothek von ihm nicht in einer Weise geltend gemacht wird, daß dadurch die Kautionshypothek der Bank gefährdet wird. Der Beklagte hat davon nichts gewußt, daß die Klägerin mit Franz Redlich vereinbarte, die Hypothek solle gelöscht werden, wenn sie sich mit dem Eigentum in einer Person vereinigt. Weil er hiervon nichts wußte, kann ihm die Verpflichtung des Franz Redlich, die Hypothek löschen zu lassen, nicht schaden. Die Hypothek geht also auf den Beklagten über. Der Bürge darf allerdings eine Hypothek, die auf ihn übergeht, nicht zum Nachteile des Gläubigers geltend machen. Allein diese Vorschrift hat nur Bedeutung für den Fall, daß der Bürge den Gläubiger nur teilweise befriedigt.

Da die Klägerin den Übergang der Hypothek auf den Beklagten bestreitet, so zwingt sie diesen, jetzt schon auf die Sicherstellung seines Anspruchs bedacht zu sein. Ich stelle deshalb für den Fall, daß der Klage bezüglich der 20000 ℳ stattgegeben werden sollte, den Antrag:

> den Beklagten nur mit der Maßgabe zur Zahlung der 20000 ℳ zu verurteilen, daß er Zug um Zug gegen Herausgabe des Hypothekenbriefs und gegen die ihm von der Klägerin in der Form des § 29 der Grundbuchordnung zu erteilende Bewilligung der Umschreibung der auf den Beklagten übergehenden Hypothek zu leisten hat.

Rechtsanwalt Falk übergab schriftliche Fertigung des Antrags.

Rechtsanwalt Wolf führte sodann aus:

Diesen Antrag des Beklagten halte ich für unzulässig. Die Leistung Zug um Zug kann schon deshalb nicht beansprucht werden, weil die Bürgschaft kein gegenseitiger Vertrag ist.

Ob Joseph Redlich Kenntnis davon besaß, daß Franz Redlich sich verpflichtet hat, die Hypothek löschen zu lassen, wenn sie sich mit dem Eigentum vereinigt, kann dahingestellt bleiben. Denn der Bürge haftet für das Darlehen so, wie es zwischen Gläubiger und Hauptschuldner vereinbart worden ist. Für seine Verpflichtung ist der jeweilige Bestand der Hauptverbindlichkeit maßgebend.

Die Anwälte erklärten, daß sie die tatsächlichen Behauptungen des Gegners, soweit sie nicht im Laufe der Verhandlungen ausdrücklich bestritten wurden, als richtig anerkennen und Anträge auf Beweisaufnahme nicht stellen wollen.

Der Vorsitzende schloß sodann die mündliche Verhandlung und verkündete den Beschluß des Gerichts, daß zur Verkündung der Entscheidung Termin auf den 6. Dezember 1909 nachmittags 5 Uhr bestimmt ist.

Bemerkung: Für die Aufgabe ist angenommen, daß für den Bezirk des Amtsgerichts Weingarten seit dem 1. Oktober 1900 das Grundbuch als angelegt anzusehen ist.

Die Kandidaten haben die auf Grund der vorstehend geschilderten mündlichen Verhandlung zu erlassende Entscheidung nach Maßgabe der Vorschriften der Zivilprozeßordnung zu entwerfen. In den Entscheidungsgründen sind die sämtlichen in den Parteivorträgen geltend gemachten rechtlichen Gesichtspunkte zu würdigen.

Die Darstellung des Tatbestandes hat zu unterbleiben.

I. Aufgabe aus dem Staatsrecht des Deutschen Reichs und des Königreichs Bayern. 1909.

In einer bayerischen Gemeinde besteht neben dem Getreide-, Mehl-, Fleisch- und Wildbretaufschlag auch der Lokal-Malz- und Bieraufschlag.

Der erhöhte Lokal-Malz- und Bieraufschlag war im Jahre 1860 auf 2 fl 30 kr vom Schäffel Malz und 2 ₰ von der Maß eingeführten Bieres festgesetzt, im Jahre 1875 auf 1 ℳ 95 ₰ vom hl Malz und 1 ℳ 20 ₰ vom hl Bier umgerechnet und im Jahre 1880 auf 1 ℳ vom hl Malz und 60 ₰ vom hl Bier ermäßigt worden.

Die Gemeinde hat nun gebeten, ihr wegen ihrer schlechten Finanzlage die Wiedereinführung des früheren erhöhten Lokal-Malz- und Bieraufschlags zu 1 ℳ 95 ₰ vom hl Malz und 1 ℳ 20 ₰ vom hl Bier gestatten zu wollen und daneben eine Abgabe auf Salz und auf vom Auslande eingeführtes Obst einführen zu dürfen.

Es ist an dem Beispiele unter ausführlicher Begründung darzulegen:

1. Welche hauptsächlichen reichs- und landesrechtliche Bestimmungen regeln das Recht der bayerischen Gemeinden auf die Erhebung von Verbrauchssteuern?
2. Welche gemeindliche Aufschläge dürfen vom 1. April 1910 ab im Deutschen Reiche nicht mehr erhoben werden?
3. Welche gesetzlichen Mittel stehen in Bayern dem Aufschlagpflichtigen und dem Verbraucher zur Seite, um die Erhebung ungesetzlicher gemeindlicher Verbrauchssteuern zu beseitigen?
4. Ist die Wiedereinführung der erhöhten Aufschläge des Jahres 1875 für Malz und Bier und die Einführung von Aufschlägen auf Salz und ausländisches Obst nach den bestehenden Gesetzen und Staatsverträgen zulässig?

5. In welcher Weise werden Meinungsverschiedenheiten zwischen der bayerischen Regierung und der deutschen Reichsleitung über die in Punkt 4 bezeichneten Fragen auf verfassungsmäßigem Wege zur Erledigung zu bringen sein?

II. Aufgabe

aus dem Staatsrecht des Deutschen Reichs und des Königreichs Bayern. 1909.

Mit Entschließung des K. Staatsministeriums für Verkehrsangelegenheiten vom 1. Juli 1908 wurde der Eisenbahngesellschaft X die Konzession zum Bau und Betrieb einer Vollbahn von A nach B gemäß den vorgelegten Plänen erteilt.

Nach diesen Plänen ergeben sich im Bezirke der Gemeinde C — Distrikts und Bezirksamts gleichen Namens — folgende Veränderungen der bestehenden Wegeverbindungen:

1. Eine Ortsstraße fällt in die Bahnhofanlage und soll daher um ca. 50 m seitlich verlegt werden. Im Anschluß an diesen Weg muß bis zum Bahnhofsgebäude eine Wegstrecke von 200 m vollständig neu hergestellt werden.
2. Ein weiterer Teil der Bahnhofanlage kommt auf die Distriktsstraße zu liegen, die schienengleich von 4 Geleisen überquert werden soll.
3. Auf freier Strecke führt der Bahnkörper über einen Feldweg. Der Übergang soll mit einer Zugschranke versehen werden, die von einem 200 m entfernten Stellwerk bedient wird.
4. Eine bisher die Verbindung zweier öffentlicher Feldwege vermittelnde Holzbrücke soll aufgelassen werden. Zum Ersatz für diese Brücke, die der Bahngesellschaft zum eigenen Privatgebrauch überlassen werden soll, ist unter gleichzeitiger Be-

nutzung der Pfeiler einer in der Nähe der alten Brücke neu zu errichtenden Eisenbahnbrücke die Herstellung eines Fußgängersteges vorgesehen.

Die Ausführung des Projektes gab zu folgenden Streitigkeiten Veranlassung:

Zu 1. Mit der Auflassung und Verlegung der in die Bahnhofanlage fallenden Ortsstraße erklärte sich die Gemeinde C nur unter dem Vorbehalt einverstanden, daß die Bahngesellschaft auf alle Zeit die Unterhaltung der neu anzulegenden Verbindungsstrecke bis zum Bahnhofgebäude übernehme. Demgegenüber berief sich die Bahngesellschaft darauf, daß ihr durch die ministerielle Genehmigung des Projektes bereits die Berechtigung zur Beseitigung des Weges, soweit dieser zur Bahnhofanlage benötigt sei, eingeräumt sei und daß gegen die Art und Weise, wie der Ersatzweg angelegt werden solle, sachlich von der Gemeinde keine Einwendung erhoben werden könne. Mit dem Bau des Ersatzweges leiste aber die Bahngesellschaft ihren Verpflichtungen Genüge. Die neuanzulegende Verbindungsstrecke werde dem Ortsverkehr dienen und sei nach ihrer Anlegung gemäß Art. 38 der rechtsrheinischen (Art. 29 der pfälzischen) Gemeindeordnung von der Gemeinde zu unterhalten. Daß die Verbindungsstrecke nach ihrer Erbauung dem Ortsverkehr dienen werde, wurde von der Gemeinde zugegeben, wie sie auch ausdrücklich bestätigte, daß sie gegen die Art und Weise, wie der Ersatzweg für die in die Bahnhofanlage fallende Ortsstraße angelegt werden soll, sachlich keine Erinnerung erheben könne.

Frage: **Wie ist die Sachlage rechtlich zu beurteilen? Welche Schritte muß die Bahngesellschaft tun, um ihre Ansprüche gegen die Gemeinde C durchzusetzen? Welche Behörden sind hierzu berufen? In welchem Verfahren haben die Entscheidungen zu erfolgen?**

Zu 2. Wegen der Inanspruchnahme des Distriktseigentums beschloß der Distriktsrat C der Bahngesellschaft das zum Bahnbau benötigte Distriktseigentum unentgelt-

lich zur Verfügung zu stellen. Gleichzeitig stellte er jedoch die Forderung, daß an Stelle einer schienengleichen Straßenkreuzung eine Wegüberführung für die Distriktsstraße herzustellen sei.

Diese Forderung wurde von der Bahngesellschaft abgelehnt, da sie hierzu nach dem genehmigten Projekte nicht verpflichtet sei. Auf die Vorlage der Verhandlungen an die Kreisregierung nach Art. 23 des Distriktsratsgesetzes genehmigte diese die unentgeltliche Abtretung des Distriktseigentums an die Bahngesellschaft, während sie die Erledigung der Streitfrage bezüglich der Überführung der Distriktsstraße der besonderen Austragung im Verwaltungs- oder Verwaltungsrechtsverfahren vorbehielt.

Da eine Einigung zwischen dem Distrikt C und der Bahngesellschaft auch durch neuerliche Verhandlungen nicht zu erzielen war, stellte der Distriktsrat C bei dem Bezirksamte C den Antrag auf verwaltungsrechtliche Entscheidung nach Art. 8 Ziff. 8 und 34 des Verwaltungsgerichtsgesetzes dahin gehend, daß die Bahngesellschaft verpflichtet sei, eine Überführung der Distriktsstraße bei der Anlage des Bahnhofes in C herzustellen. Die Bahngesellschaft bestritt in formaler Beziehung vor allem die Zuständigkeit des Bezirksamts C, und zwar nicht nur zur verwaltungsrechtlichen Entscheidung, sondern auch zur Entscheidung des Streitfalles im allgemeinen. Der Berufung des Distriktsrates C auf § 14 der Verordnung vom 20. Juni 1855, die Erbauung von Eisenbahnen betreffend, begegnete die Bahngesellschaft mit dem Hinweis, daß bei dem Mangel einer Zuständigkeitsbestimmung auf Grund dieser Vorschrift jedenfalls nicht die Zuständigkeit der Behörden der inneren Verwaltung gegeben sei. Sachlich blieb die Bahngesellschaft auf ihrem Einwand bestehen, daß ihre Leistungspflicht sich nach der erteilten Konzession zu bemessen habe. In dieser Genehmigung sei jedoch eine Herstellung der Überführung weder angeordnet noch allgemein oder speziell vorbehalten. Eine unmittelbare Rechtswirksamkeit komme aber der Verordnung vom 20. Juni 1855 nicht zu, da ihr gesetzliche Kraft fehle. Wenn die Verkehrsverhältnisse, wie

die Bahngesellschaft gerne zugebe, eine Beseitigung des schienengleichen Überganges fordere, so sei diese im öffentlichen Verkehrsinteresse gebotene Maßnahme eben von demjenigen öffentlichen Verbande auszuführen, dem die Wegunterhaltung obliege.

Frage: Wie und in welchem Verfahren hat das Bezirksamt C zu entscheiden? Wie ist im Beschwerdefall für beide Beteiligte der Instanzenzug geregelt?

Würden sich die Fragen für die Fälle anders beantworten, daß a) für die fragliche Wegstrecke auf Grund eines besonderen Rechtsverhältnisses zwischen Staat und Distrikt die Baupflicht der Staatsbauverwaltung obliegen würde oder

b) das Bahnunternehmen inzwischen auf die Staatseisenbahnverwaltung übergegangen wäre?

Zu 3. Nach der Eröffnung des Bahnbetriebes ergaben sich aus dem Umstande, daß die Wegschranke mittels einer Ziehvorrichtung von dem 200 m entfernten Stellwerke bedient wurde, mannigfache Anstände. Als wegen nicht rechtzeitiger Schließung der Schranke einem den Feldweg benutzenden Landwirte durch den Zusammenstoß mit einem Zuge sein Gespann getötet wurde, wandte sich dieser an das Bezirksamt C mit dem Antrage, die Bahngesellschaft zur Aufstellung eines eigenen Schrankenwärters anzuhalten. Die Bahngesellschaft verweigerte jedoch die Aufstellung eines eigenen Schrankenwärters. Auf Grund des § 10 Ziff. 1 Abs. IV der Verordnung vom 20. Juni 1855 erklärte darauf das Bezirksamt C die Bahngesellschaft beschlußmäßig für verpflichtet, an dem betreffenden Wegübergang einen eigenen Schrankenwärter aufzustellen. Gegen diesen Beschluß legte die Bahngesellschaft Beschwerde zur Regierung, Kammer des Innern, mit der Begründung ein, daß sie sich zur Aufstellung eines eigenen Schrankenwärters nicht für verpflichtet erachte.

Frage: Wie und in welchem Verfahren hat die Regierung zu entscheiden? Wie ist im Beschwerdefall für die Bahngesellschaft der Instanzenzug geregelt?

Zu 4. Mit der Durchführung dieses Projektes erklärte sich die Gemeinde C, allerdings unter dem lebhaften Widerspruch der beteiligten Grundbesitzer, beschlußmäßig mit dem ausdrücklichen Beifügen einverstanden, daß sie bereit sei, den Fußgängersteg nach Fertigstellung durch die Bahngesellschaft zur weiteren Unterhaltung zu übernehmen. Nach dem Bau des neuen Fußgängersteges wurde dieser von der Bahngesellschaft dem allgemeinen Verkehr freigegeben, während die alte Holzbrücke im Einverständnis mit der Gemeinde gesperrt wurde. Die von der Bahngesellschaft verlangte förmliche Übernahme des Brückensteges in gemeindliche Unterhaltung scheiterte jedoch an der Frage, wer die Kosten des Notariatsaktes zu tragen habe, durch den der Gemeinde die Berechtigung zur Belassung der Träger des Fußgängersteges auf den Pfeilern der Eisenbahnbrücke eingeräumt werden sollte. Auch wurde die Verweigerung der Übernahme seitens der Gemeinde C damit begründet, daß die Konstruktion des Fußgängersteges verschiedene Mängel aufweise, vor deren Behebung die Gemeinde die Unterhaltung des Brückensteges nicht übernehmen könne. Auf diese Weigerung sperrte die Bahngesellschaft den Brückensteg wieder für den allgemeinen Verkehr. Gegen diese „Sperrung eines öffentlichen Weges" rief die Gemeinde C den Schutz des Bezirksamtes C an, wogegen die Bahngesellschaft beim Bezirksamte den Antrag stellte, die Gemeinde auf Grund ihrer früheren Erklärung zur Unterhaltung des Brückensteges für verpflichtet zu erklären. Die Frage der Kostentragung gehöre vor die Zivilgerichte; etwaige Konstruktionsmängel sei sie bereit, auf Anordnung des Bezirksamts alsbald zu beseitigen. Durch amtstechnisches Gutachten wurde festgestellt, daß die Verstärkung von 4 Trägern durch Einbau von je einem weiteren Träger angezeigt erscheine. Gegen die Sperrung der alten Holzbrücke legten endlich auch die beteiligten Grundbesitzer Beschwerde zum Bezirksamte C ein und baten um die Anerkennung ihres Rechtes, auch fernerhin zur Bewirtschaftung ihrer Ländereien über die alte Holzbrücke fahren zu dürfen, da der nächste fahrbare

Bachübergang für sie einen Umweg von je einer halben Stunde für Hin- und Rückfahrt bedeute.

Frage: Wie und in welchem Verfahren hat das Bezirksamt C über die erhobenen Anträge der Gemeinde, der Bahngesellschaft und der beschwerdeführenden Grundbesitzer zu entscheiden?

Die Antworten zu den gestellten Fragen sind unter Anführung der Rechtsquellen kurz zu begründen.

—

Aufgabe
aus dem katholischen Kirchenrecht. 1909.

Die Landgemeinde St. ist am 1. Januar 1908 mit der unmittelbaren Stadt R. im Regierungsbezirk Oberpfalz und Regensburg vereinigt worden. Das gesamte Aktiv- und Passivvermögen der Gemeinde St. ist dabei auf die Stadt R. übergegangen. Der Bezirk der seitherigen Landgemeinde St., in welchem zur Zeit der Eingemeindung ungefähr 1500 Katholiken wohnten, bildet seit längerer Zeit einen Filialbezirk der Pfarrei St. Wolfgang der unmittelbaren Stadt R. Die Seelsorge in der Filiale St. wird von einem in Verpflegung des Stadtpfarrers von St. Wolfgang stehenden Hilfsgeistlichen ausgeübt. In der geräumigen Filialkirche in St. wird der regelmäßige sonn- und festtägliche Gottesdienst abgehalten und werden auch die Sakramente an die Filialisten von St. gespendet. Die Kirchenstiftung St. besitzt ein ansehnliches rentierendes Vermögen.

Mit Rücksicht auf das fortwährende Anwachsen der katholischen Bevölkerung in St. wird nunmehr die Errichtung einer Pfarrei daselbst angestrebt. Die erforderlichen Mittel für Erbauung eines Pfarrhauses sind durch freiwillige Spenden aufgebracht.

Mit Beschluß vom 15. März 1907 hat die Gemeindeverwaltung St. mit staatsaufsichtlicher Genehmigung ein

gemeindliches Grundstück als Bauplatz für das Pfarrhaus zur Verfügung gestellt, ferner sich verpflichtet, zur Besoldung des künftigen Pfarrers alljährlich 6 Klafter hartes Brennholz aus dem Gemeindewalde unentgeltlich zu liefern und dem Pfarrer kostenlos anzufahren.

Unterm 25. Juni 1908 hat die Kirchenverwaltung St. beschlossen, die gesamte Baulast an dem Pfarrhause, mit Ausnahme der gewöhnlichen Unterhaltung (sog. Mietmannspflicht), welche dem jeweiligen Pfarrer als Nießbraucher obliegen soll, primär auf die Kirchenstiftung, sekundär auf die Kirchengemeinde St. zu übernehmen, ferner einen jährlichen Zuschuß von 200 ℳ aus den Renten des Kirchenstiftungsvermögens zur Besoldung des künftigen Pfarrers zu leisten.

Von einem inzwischen verstorbenen Bürger von St. ist der dortigen katholischen Kirchenstiftung ein Acker mit einem Flächeninhalt von 5,40 Tagwerk, im Grundsteuerkataster mit der Steuerverhältniszahl 59,40 und der Bonitätsklasse 11 vorgetragen, testamentarisch mit der Bestimmung vermacht worden, daß das Grundstück bei Errichtung einer selbständigen Seelsorgestelle zu St. der zu begründenden Pfründestiftung zu überweisen und das Erträgnis zum Unterhalte des Seelsorgers zu verwenden sei.

Von einer Rentnerin Margareta Frisch sind 7000 ℳ in 4%igen mündelsicheren Pfandbriefen für Errichtung der Pfarrei St. geschenkt und bei der Kirchenverwaltung St. deponiert. Die Zinsen hievon hat sich die Schenkgeberin bis zur Errichtung der Pfarrei vorbehalten.

Bei der Kirche in St. bestehen einige Gottesdienststiftungen und zwar: je eine Stiftung zu 100 Gulden aus den Jahren 1865, 1869 und 1873 für Abhaltung von Jahrgedächtnismessen, dann eine Stiftung von 10000 ℳ aus dem Jahre 1879 für Abhaltung von wöchentlich 2 Schulmessen. Von den Renten dieser Stiftungen sind für Abhaltung jeder Messe 2 ℳ für den Geistlichen bestimmt.

Das Stadtpfarramt St. Wolfgang in R. stellt nunmehr unter Zustimmung der Kirchenverwaltung St. ein Gesuch um Bewilligung eines staatlichen Dotationszuschusses zur

Errichtung einer katholischen Pfarrei in St. und gibt dem Gesuche den anliegenden Entwurf einer Fassion für die künftige Pfarrei St. als Ausweis über die bereits vorhandene Dotation bei. Im Hinblick hierauf wird gebeten, den staatlichen Zuschuß so zu bemessen, daß mit demselben das fassionsmäßige Reinerträgnis der zu errichtenden Pfarrei auf das dem Pfarrer nach den dermalen geltenden Bestimmungen zustehende Mindesteinkommen gebracht werde.

Der Stadtmagistrat R. legt das Gesuch nebst Beilage der K. Regierung, Kammer des Innern, der Oberpfalz und von Regensburg vor, erklärt seinerseits das Bedürfnis der Errichtung einer Pfarrei in St. als dringend und befürwortet das Gesuch zur Berücksichtigung.

Zu den Beschlüssen der Kirchenverwaltung St. vom 25. Juni 1908 und der Gemeindeverwaltung St. vom 15. März 1907 bemerkt der Stadtmagistrat folgendes:

Der Kirchenverwaltungsbeschluß vom 25. Juni 1908 sei unter Mitwirkung sämtlicher Mitglieder mit 3 gegen 2 Stimmen gefaßt worden. Da damals St. bereits zur unmittelbaren Stadt R. gehört habe, hege der Stadtmagistrat Zweifel, ob der gefaßte Beschluß gültig und ob nicht eine Erneuerung desselben durch eine vorschriftsmäßig zusammengesetzte Kirchenverwaltung erforderlich sei.

Ob der Beschluß, soweit er jährlich 200 ℳ aus Mitteln der Kirchenstiftung dauernd zur Verfügung stellt, nicht auch der Kuratelgenehmigung bedürfe oder ob diese im Hinblick auf die zu leistende Summe überflüssig sei, wolle der Stadtmagistrat dahin gestellt sein lassen.

Bezüglich der Zusicherung von jährlich 6 Klafter Holz für die Besoldung des künftigen Pfarrers in St. anerkennen der Stadtmagistrat und die Gemeindebevollmächtigten von R. je mit Majoritätsbeschluß den Beschluß der Gemeindeverwaltung St. vom 15. März 1907 als für die Stadtgemeinde R. bindend. Da aber auch andersgläubige Gemeindeangehörige vorhanden sind und in der Stadt R. seit längerer Zeit ziemlich hohe Gemeindeumlagen erhoben werden, macht die Minorität in beiden gemeindlichen Kollegien

das Bedenken geltend, ob es angängig sei, gemeindliche Einkünfte für kirchliche Zwecke einer bestimmten Konfession zu verwenden. Art. V des Gesetzes vom 22. Juli 1819 betr. die Gemeindeumlagen scheine dem entgegen zu stehen. Mindestens müsse von Amts wegen Vorsorge getroffen werden, daß die in dem künftigen katholischen Pfarrsprengel St. wohnenden Andersgläubigen von Leistungen für den Unterhalt des katholischen Pfarrers frei bleiben.

Aufgabe:

Es ist ein Bescheid der K. Regierung, Kammer des Innern, zu entwerfen, in welchem die einzelnen Ansätze des Fassionsentwurfs nach allen Seiten geprüft werden und das Ergebnis der Prüfung dem Stadtpfarramte St. Wolfgang in R. mitgeteilt wird. Der erforderliche staatliche Dotationszuschuß ist in den Fassionsentwurf einzustellen. In dem Bescheide sind auch die Vorschriften, auf welche sich das Ergebnis der Prüfung gründet, anzuführen.

Beilage.

Entwurf einer Fassion
für die in St. zu errichtende katholische Pfarrei.

Vortrag	M	₰	Bemerkungen
A. Einkünfte.			
I. An ständigem Gehalt:			
1. aus der Staatskasse			bleibt vorerst offen.
2. aus Stiftungskassen: Barleistung aus der Kirchenstiftungskasse St. .	200	—	Beschluß vom 25. Juni 1908.
3. aus Gemeindekassen: Anschlag von 6 Klafter hartem Brennholz à 12 M 50 ₰	75	—	Beschluß vom 15. März 1907.
II. An Zinsen von zur Pfarrei gestifteten Kapitalien	280	—	Schenkung der Margareta Frisch.
III. Ertrag der Realitäten:			
1. Anschlag des Pfarrhauses	90	—	50 Gulden, umgerechnet zu 1 M 80 ₰, — üblicher Ansatz bei Pfarreineuerrichtungen.
2. Ertrag der Grundstücke:	44	55	$^3/_4$ der Steuerverhältniszahl.
IV. Ertrag aus Rechten	—	—	
V. Einnahmen aus besonders bezahlten Dienstesverrichtungen:			
1. Bezüge von gestifteten Gottesdiensten von der Kirchenstiftung St.	6	—	Ertrag der Meßstiftungen aus den Jahren 1865, 1869 und 1873. Die Erträgnisse aus der Stiftung von 1879 bleiben gemäß Ministerial-Entschließung vom 30. März 1878, M.Bl. S. 143, außer Ansatz.
2. Stolgefälle	135	—	Durchschnitt der letzten 10 Jahre abzüglich 20 Prozent uneinbringlicher Rückstände. Es ist bestätigt, daß die Ansätze dem Stolgebührentarif entsprechen und nach den Pfarrmatrikeln und Einschreibbüchern richtig angegeben sind.
VI. Einnahmen aus herkömmlichen Gaben und Sammlungen ...	—	—	
VII. Unterhaltungsbeiträge für die Hilfsgeistlichen	—	—	
Summa der Einkünfte ...	830	55	

Vortrag	ℳ	₰	Bemerkungen
B. Lasten.			
I. Lasten wegen der Staatszwecke:			
1. Steuern:			
a) Grund- und Haussteuer	7	59	4 ℳ 51 ₰ Grundsteuer und 3 ℳ 08 ₰ Haussteuer nach Berechnung des K. Rentamts.
b) Einkommensteuer	22	—	
2. Umlagen:			
a) Gemeindeumlagen . . .	29	59	nach dem Durchschnitt der letzten 5 Jahre 100 Prozent Gemeinde- und 30 Prozent Kreisumlagen.
b) Kreisumlagen	8	88	
3. Beiträge für land- und forstwirtschaftliche Unfallversicherung	3	50	
II. Lasten wegen des Diözesanverbandes insgesamt	6	—	Zertifikat des Dekanats.
III. Lasten wegen besonderer Zwecke und Verhältnisse der Pfründe .	—	—	
Gesamtlasten . . .	77	56	
Abschluß.			
Die Einkünfte betragen	830	55	
Die Lasten betragen	77	56	
Reinertrag . . .	752	99	

Aufgabe aus dem protestantischen Kirchenrecht 1909.

Die früher keiner Pfarrei ihres Bekenntnisses zugeteilten Protestanten der Gemeinde Oberhaid und der Ortschaft Ziegenhof, Gemeinde Bürgstadt, wurden im Jahre 1836 in die protestantische Pfarrei Schönwald eingepfarrt. Von dieser Zeit ab wurden die Protestanten von Oberhaid und

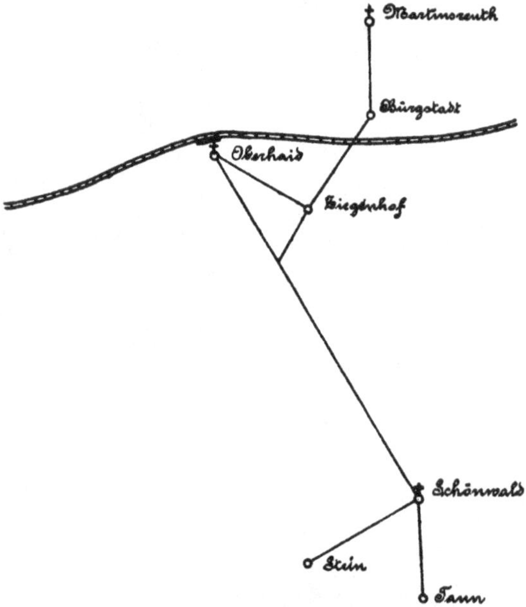

Ziegenhof in dem der protestantischen Kirchenstiftung Schönwald gehörigen für den ganzen Bezirk der protestantischen Pfarrei Schönwald bestimmten Friedhof in Schönwald beerdigt, der im Jahre 1814 bei Teilung des den Katholiken und Protestanten gemeinschaftlichen Kirchenvermögens in Schönwald angelegt worden war. Zur Zeit der Vermögensteilung umfaßten die beteiligten kirchlichen Verbände der Katholiken und Protestanten je die Bezirke

der politischen Gemeinden Schönwald, Stein und Tann. Vor ihrer Einpfarrung nach Schönwald waren die Protestanten von Oberhaid in dem der katholischen Pfarrkirchenstiftung Oberhaid gehörigen Friedhof in Oberhaid, die Protestanten von Ziegenhof im Friedhof zu Martinsreuth beerdigt worden. Das Eigentum an dem letztgenannten Friedhof ist streitig. Der ältere kleinere Teil des Friedhofs war ursprünglich der Hof der katholischen Pfarrkirche und daher wohl auch Eigentum der katholischen Pfarrkirchenstiftung Martinsreuth; im Grundsteuerkataster ist aber als Eigentümerin die Gemeinde Martinsreuth vorgetragen. Im Jahre 1839 hatten die Gemeinden Martinsreuth und Bürgstadt zur Erweiterung des Friedhofes gemeinschaftlich eine größere Fläche erworben und um die Erweiterungsfläche und den alten Friedhof gleichfalls auf gemeinschaftliche Kosten eine einheitliche Umfriedigung hergestellt. Als Eigentümerin der Erweiterungsfläche ist im Grundsteuerkataster die Sepulturgemeinde Martinsreuth—Bürgstadt eingetragen. Verwaltet wird der Friedhof und die aus den Grabgebühren dotierte Friedhofkasse unter dem Vorsitz des katholischen Pfarrers in Martinsreuth von einer besonderen Friedhofverwaltung, die sich zusammensetzt aus der katholischen Kirchenverwaltung Martinsreuth, dem Bürgermeister von Martinsreuth, falls dieser nicht ohnehin Mitglied der Kirchenverwaltung ist, und dem Bürgermeister von Bürgstadt. Die Katholiken von Ziegenhof wurden im Jahre 1903 aus der katholischen Pfarrei Martinsreuth in die katholische Pfarrei Oberhaid umgepfarrt. Hiebei wurde denselben ausdrücklich das Recht auf Beerdigung im Friedhof zu Oberhaid zugestanden; vorher waren die Beerdigungen im Friedhof zu Martinsreuth erfolgt. Die im Jahre 1904 neu gefaßte und von der Kreisregierung für vollziehbar erklärte Friedhofordnung für den Friedhof in Oberhaid bestimmt in ihrem § 1 ausdrücklich, daß der Friedhof in Oberhaid der ordnungsmäßige Beerdigungsort sei „ausschließlich für die Katholiken von Oberhaid und Ziegenhof". In der Ortschaft Bürgstadt und in der Gemeinde Martinsreuth sind bisher Protestanten nicht wohnhaft.

Infolge der Errichtung einer Bahnstation in Oberhaid und der Anlage von Fabriken war die Zahl der protestantischen Bewohner von Oberhaid und Ziegenhof gestiegen. Ein protestantischer Verein (e. V.) mit dem Sitz in Oberhaid hatte sich gebildet, der die Erbauung eines Betsaals und bessere kirchliche Versorgung der Protestanten von Oberhaid und Ziegenhof zum Zweck hat; bei der geringen Leistungsfähigkeit der Beteiligten kann aber für die nächste Zeit an die Ausführung des Betsaalbaus noch nicht gedacht werden.

Wegen Gesundheitsgefahr mußte im Jahre 1908 die Schließung des überfüllten Friedhofs in Schönwald angeordnet werden. Die zum Pfarrbezirk Schönwald gehörigen politischen Gemeinden Schönwald, Stein und Tann errichteten je für ihren Bezirk eigene Friedhöfe. Für die Protestanten von Oberhaid und Ziegenhof wollte der protestantische Verein Oberhaid auf einem billig zum Kauf angebotenen Grundstücke einen Friedhof errichten. Er bat um die Genehmigung hiezu und verpflichtete sich in der betreffenden Eingabe, allen Protestanten von Oberhaid und Ziegenhof die Beerdigung im neuen Friedhof ohne Rücksicht auf Mitgliedschaft zum Verein zu gestatten, keine höheren Grabgebühren zu erheben, als für den katholischen Friedhof in Oberhaid erhoben werden, und das Eigentum am Friedhof der künftigen protestantischen Filialkirchengemeinde Oberhaid zu übertragen, sobald eine solche gebildet werden könne.

Vom Standpunkt der Gesundheitspolizei erwies sich das Grundstück als völlig geeignet.

Gleichwohl trug die K. Regierung Bedenken die nachgesuchte Genehmigung zu erteilen mit der Begründung: Als öffentliche Friedhöfe im Sinn des Art. 61 Ziff. 1 PStGB. könnten nur von Gemeinden oder von Glaubensgesellschaften betriebene Friedhöfe in Betracht kommen; von diesen öffentlichen Friedhöfen abgesehen könnten nach der Verordnung vom 14. Oktober 1862, die Errichtung und Benützung von Grüften und sonstigen Begräbnisstätten ꝛc. betr., besondere Begräbnisstätten nur für ein-

zelne Personen oder einzelne Familien genehmigt werden, nicht aber für einen unbestimmten oder doch nicht genau bestimmten Kreis von Beteiligten. Für Genehmigung eines Vereinsfriedhofes biete das bayerische Polizeirecht keine Grundlage. Die vom Verein gegebene Zusicherung, alle Protestanten von Oberhaid und Ziegenhof — auch Nichtmitglieder — gegen entsprechende Gebühren zur Beerdigung zuzulassen, entbehre der verbindlichen Kraft und Erzwingbarkeit. Die Protestanten von Oberhaid und Ziegenhof könnten wohl Zulassung zum katholischen Friedhof in Oberhaid beanspruchen, ein neuer Friedhof sei also gar nicht nötig.

Die hierauf zur Sache einvernommene katholische Kirchenverwaltung Oberhaid bestritt jedes Recht der Protestanten von Oberhaid und Ziegenhof auf Zulassung zum katholischen Friedhof in Oberhaid: Die Grundlosigkeit eines solchen Anspruchs ergebe sich schon aus § 1 der von der Regierung genehmigten Friedhofordnung. Vor 1836 seien zwar die Protestanten von Oberhaid vergünstigungsweise zum katholischen Friedhof in Oberhaid zugelassen worden; mit der Einpfarrung nach Schönwald hätten sie ein Recht auf den protestantischen Friedhof in Schönwald erworben; ein etwaiger früher bestandener Anspruch auf den katholischen Friedhof in Oberhaid sei mit der Auspfarrung erloschen oder doch inzwischen längst verjährt. Wenn die protestantische Kirchenstiftung Schönwald ihren Friedhof auflasse, sei sie verpflichtet für einen neuen Friedhof zu sorgen. Der Anspruch der Protestanten von Oberhaid und Ziegenhof sei jedenfalls auf den von der Gemeinde Schönwald errichteten Friedhof übergegangen, der an die Stelle des alten Friedhofs in Schönwald getreten sei. Bei der erst vor 5 Jahren erfolgten Umpfarrung der Katholiken von Ziegenhof in die katholische Pfarrei Oberhaid sei ausdrücklich nur die Zulassung der Katholiken von Ziegenhof zum katholischen Friedhof in Oberhaid vereinbart worden; hiedurch könnten doch unmöglich die Protestanten von Ziegenhof ein Recht auf den katholischen Friedhof in Oberhaid erlangt haben, sonst könne jede Umpfarrung unabseh-

bare Folgen haben. Erst vor 4 Jahren sei der Friedhof in Oberhaid erweitert worden; die beträchtlichen Kosten seien von den Katholiken von Oberhaid und Ziegenhof durch Kirchengemeindeumlagen gedeckt worden; die Protestanten von Oberhaid und Ziegenhof, die nicht mitbezahlt hätten, könnten nun doch nicht gleiches Recht mit den Katholiken beanspruchen bloß deshalb, weil ihr bisheriger konfessioneller Friedhof aufgelassen worden sei und man aus irgend welchen Gründen einen neuen konfessionellen Friedhof für die protestantische Pfarrei Schönwald nicht errichten wolle. Vielleicht hätten die Protestanten von Ziegenhof einen Anspruch auf den Friedhof in Martinsreuth; dieser Anspruch sei durch die Umpfarrung der Katholiken von Ziegenhof jedenfalls nicht alteriert worden, da ja die Protestanten von Ziegenhof an den Umpfarrungsverhandlungen in keiner Weise beteiligt waren.

Die gleichfalls einvernommene protestantische Kirchenverwaltung Schönwald bestritt die Verpflichtung aus Mitteln der protestantischen Kirchenstiftung Schönwald einen Begräbnisplatz für die Protestanten von Oberhaid und Ziegenhof bereitzustellen; die Gemeindeverwaltung Schönwald bestritt einen Anspruch dieser Protestanten auf den neuen Friedhof in Schönwald, die Friedhofverwaltung Martinsreuth einen solchen der Protestanten von Ziegenhof auf den Friedhof in Martinsreuth. Der Bürgermeister von Bürgstadt machte allerdings geltend, der zurzeit und auf absehbare Zeit allein in Betrieb befindliche neue Teil des Friedhofs sei eine Einrichtung der Gemeinden Bürgstadt und Martinsreuth; als Angehörige der Gemeinde Bürgstadt seien daher die Protestanten von Ziegenhof zum Friedhof in Martinsreuth berechtigt; er wurde aber von den anderen Mitgliedern der Friedhofverwaltung überstimmt.

Fragen: a) Sind die Bedenken der Kreisregierung gegen Anlegung eines dem protestantischen Verein Oberhaid gehörigen Friedhofs für die Protestanten in Oberhaid und Ziegenhof gerechtfertigt und können sie nicht durch entsprechende verbindliche Erklärungen des Vereins behoben werden?

b) Wie sind die erhobenen Ansprüche auf Zulassung der Protestanten von Oberhaid und Ziegenhof zu den Friedhöfen in Oberhaid und Schönwald und der Protestanten von Ziegenhof zum Friedhof in Martinsreuth, dann auf Bereitstellung eines Begräbnisplatzes für die Protestanten von Oberhaid und Ziegenhof durch die protestantische Kirchenstiftung Schönwald zu beurteilen?

In welchem Verfahren und Instanzenzug ist über diese Ansprüche zu entscheiden?

Wer ist zur Geltendmachung der Ansprüche im Streitverfahren legitimiert? Können insbesondere die Kirchenverwaltung Schönwald und die Gemeindeverwaltungen Oberhaid und Bürgstadt die einzelnen Ansprüche vertreten?

Die Antworten sind zu begründen.

Anzunehmen ist, daß sämtliche Gemeinden zu einem Bezirksamt im rechtsrheinischen Bayern gehören.

Aufgabe
aus dem Polizeirechte 1909.

I.

Am 1. Dezember 1909 fand sich der Privatier Franz Streitberger von Neustadt, begleitet von seinem behandelnden Arzte, dem K. Landgerichtsarzte Dr. Ratgeber, in der Nervenheilanstalt des Dr. Ober zu Neustadt ein und meldete sich zum freiwilligen Eintritte. Dr. Ratgeber teilte hiebei dem Dr. Ober folgendes mit: Streitberger leide seit einem halben Jahre an Verfolgungs- und Querulantenwahn; Monate lang habe derselbe sämtliche Behörden mit Beschwerden verschiedener Art, meistens beleidigenden Inhalts, belästigt; ein deshalb eingeleitetes Strafverfahren wegen Berufsbeleidigung sei jüngst wegen Zurechnungsunfähigkeit des Beschuldigten eingestellt worden; in der letzten Nacht habe Streitberger Selbstmord versucht, indem er sein Bett mit Petroleum übergoß und

dann anzünden wollte; nur einem glücklichen Zufalle sei es zu verdanken, daß die Tat, die auch die Einäscherung mehrerer Häuser hätte zur Folge haben können, verhindert wurde.

Dr. Ober nahm den Streitberger in die geschlossene Abteilung seiner Anstalt auf und erstattete sofort dem K. Bezirksamte Neustadt hievon Anzeige unter Beifügung eines Schriftstücks, worin Dr. Ratgeber seine Angaben niedergelegt hatte. Dr. Ober bemerkte hiezu folgendes: es müsse jederzeit damit gerechnet werden, daß Streitberger infolge eines Umschlages seiner Stimmung dringend seine Entlassung begehre; da derselbe keine näheren Verwandten mehr habe, und weder ein Vormund noch ein Pfleger bestellt sei, dessen Vermittlung angegangen werden könne, so würde er — Dr. Ober — gegenüber einem solchen Verlangen insofern in einer schwierigen Lage sein, als der Kranke ohne Anstaltspflege keinesfalls bestehen könne, Entlassung sohin mit Verwahrlosung gleichbedeutend wäre.

Noch am gleichen Tage setzte das K. Bezirksamt Neustadt von der Sachlage den Staatsanwalt in Kenntnis, der sofort erklärte, zur Einleitung des Entmündigungsverfahrens keine Veranlassung zu haben. Hierauf beschloß das Bezirksamt am 2. Dezember: „es sei der Privatier Franz Streitberger auf seine Kosten in der Nervenheilanstalt des Dr. Ober zu verwahren"; in der Begründung war lediglich bemerkt, daß im Hinblicke auf das landgerichtsärztliche Gutachten zur Verhütung von Gefahren sowohl für den Kranken selbst als auch für die Allgemeinheit, nicht minder auch zur weiteren Beobachtung des Streitberger auf seinen Geisteszustand die Verwahrung in einer geschlossenen Anstalt, gegebenenfalls auch gegen dessen Willen, notwendig sei.

Hiegegen erhob Streitberger am 3. Dezember Beschwerde zur zuständigen Regierung mit der Begründung, daß seine zwangsweise Unterbringung in der Anstalt angesichts seines freiwilligen Eintritts ebenso unnötig wie unzulässig sei; wenn seine verschiedenen Eingaben an

die Behörden nicht immer in schmeichelhaften Ausdrücken abgefaßt gewesen seien, so könne er doch deshalb nicht als gemeingefährlich erklärt werden; und wenn er es versucht habe, sich das Leben zu nehmen, so tue er doch keinem Mitmenschen etwas zu leide; ihn auf seinen Geisteszustand beobachten zu lassen, sei niemand befugt, denn er sei kein Verbrecher.

Dr. Ober legte die Beschwerde dem Bezirksamte vor mit dem Bemerken, daß er sich zu deren Zurückhaltung nicht für befugt erachte, wenngleich sich dieselbe, weil von einem Geisteskranken herrührend, nicht zur weiteren Behandlung eignen werde.

Das Bezirksamt hatte inzwischen den K. Bezirksarzt zur gutachtlichen Äußerung veranlaßt. Dieser hatte sich am 4. Dezember auf Grund persönlicher Untersuchung dahin geäußert, daß Streitberger an Verfolgungs- und Querulantenwahn leide und sowohl in seinem eigenen Interesse wie zum Schutze der Allgemeinheit unbedingt in einer geschlossenen Anstalt verwahrt werden müsse.

Das Bezirksamt legte die Akten mit diesem Gutachten der Regierung vor.

Wie hat die Regierung zu entscheiden?

Die Antwort ist unter Würdigung aller in der Aufgabe enthaltenen tatsächlichen Angaben und rechtlichen Gesichtspunkte zu begründen.

II.

Welches sind die Grundzüge der Irrenfürsorge in Bayern?

Nach welchen Richtungen kommt eine Ergänzung in Frage?

Aufgabe
aus der Volkswirtschaftslehre und der Sozialgesetzgebung. 1909.

I.

Welche Hauptarten von Arbeitsvermittelungsstellen bestehen zur Zeit in Bayern?

Welche Aufgaben haben die in Bayern eingeführten öffentlichen (gemeindlichen) Arbeitsnachweise zu erfüllen?

Welche Gründe sprechen im wesentlichen für und gegen eine Beschränkung a) der gewerbsmäßigen, b) der nichtgewerbsmäßigen privaten Stellenvermittelung zu Gunsten der öffentlichen Arbeitsnachweise?

Wie ist die Zuständigkeit zur Erlassung beschränkender Vorschriften zwischen dem Reich und der Landesgesetzgebung abgegrenzt?

II.

Heinrich Huber in S. betreibt eine kleine Landwirtschaft mit einem Grundbesitz von 1 ha, bestehend aus Ackerland und Weinbergen.

Um sich noch einen Nebenverdienst zu verschaffen, grub er hie und da auf gemeindlichen, ihm zur Ausbeutung überlassenen Ödflächen Kies zum Zwecke des Verkaufs. Der verkaufte Kies wurde in der Regel vom Käufer an der Gewinnungsstelle abgeholt.

Im Jahre 1908 betrieb H. die Kiesgräberei auch auf einem landwirtschaftlichen Grundstück des Adam Maier in S, der ihm die Abgrabung einer unbequemen Bodenerhebung auf Ansuchen unentgeltlich gestattet hatte. Hiebei wurde er durch eine einstürzende Kieswand derart verletzt, daß er dauernd erwerbsbeschränkt blieb.

H. beanspruchte von der zuständigen land- und forstwirtschaftlichen Berufsgenossenschaft Entschädigung, wurde jedoch abgewiesen mit der Begründung, daß ein landwirtschaftlicher Betriebsunfall nicht vorliege.

13

Gegen diesen Bescheid legte H. rechtzeitig Berufung an das zuständige Schiedsgericht für Arbeiterversicherung ein. In der Berufungsschrift ist ausgeführt, H. sei Landwirt und betreibe die Kiesgräberei als Nebenbeschäftigung; demgemäß sei er hiebei auf Grund des Unfallversicherungsgesetzes für Land- und Forstwirtschaft versichert. Außerdem sei die Arbeit, bei der er verunglückte, auf einem landwirtschaftlichen Grundstück mit Wissen und Willen des Eigentümers erfolgt und auch für diesen von Vorteil gewesen. Dadurch sei er in den landwirtschaftlichen Betrieb des M. eingetreten. Er sei daher auch aus diesem Grunde beim Kiesgraben gegen Unfall versichert gewesen.

Wie ist zu entscheiden?

Die Entscheidung ist zu begründen.

I. Aufgabe

aus der Staatsfinanzwirtschaft. 1909.

1. In welchem Zusammenhange steht die direkte Besteuerung des Staates und der gemeindlichen Verbände nach dem geltenden Rechte in Bayern und in den übrigen 5 größten deutschen Bundesstaaten?
2. Von welchen leitenden Gesichtspunkten wäre bei einer Änderung des in Bayern bestehenden Rechtszustandes auszugehen, wie ließe sich eine solche Änderung erreichen und welche Gründe ließen sich für und gegen die einzelnen in Betracht kommenden Maßnahmen anführen?

II. Aufgabe

aus der Staatsfinanzwirtschaft. 1909.

Der russische Staatsangehörige Nikolai Nowikow, der während der Sommermonate Juni mit September schon seit Jahren regelmäßig in der ihm gehörigen, in der

Steuergemeinde Starnberg gelegenen und stets vollständig möblierten Villa Baltia Aufenthalt und Wohnung nimmt, die übrige Zeit des Jahres aber in Badeorten an der Riviera zubringt, schloß unterm 20. Juli 1909 vor dem K. Notariat München I mit dem zu München wohnhaften Ingenieur Emil Schaber einen Vertrag, wonach er an Schaber:

1. das ihm gehörige, in der Steuergemeinde Bodenwöhr, K. Amtsgerichts und Bezirksamts Neunburg v. W., gelegene, in vollem Betriebe befindliche Kohlenbergwerk Russia nebst allen dazu gehörigen Berechtigungen, Maschinen, Vorrichtungen, Betriebseinrichtungen, Anlagen und Vorräten,
2. seine in 200 Kuxen à 1000 ℳ bestehenden Anteilsrechte an der im Jahre 1900 errichteten Kohlenbergwerksgewerkschaft Elisabethenhütte mit dem Sitze in Selb in Bayern, deren Kohlenfelder und Gruben in den bayerischen Gemeinden Selb, Tirschenreuth und Waldsassen, in den sächsischen Gemeinden Reuth und Adorf und in den böhmischen Gemeinden Palitz und Sandau gelegen sind,
3. die ihm (Nowikow) gehörenden sämtlichen 300 Geschäftsanteile à 1000 ℳ der Gesellschaft mit beschränkter Haftung Motoren- und Akkumulatoren-Fabrik Biermann & Luft in Augsburg,
4. das Klostergut Friedrichshain bei Stuttgart nebst dessen Vorwerk Oppeln,
5. je eine Villa in Berchtesgaden und Nizza samt dem darin befindlichen vollständigen Mobiliar, Gemälde-, Kunst- und sonstigen Sammlungen

verkauft.

Der Gesamtkaufpreis ist in der notariellen Urkunde auf 3 000 000 ℳ festgesetzt; dieser Gesamtbetrag ist in der Urkunde auf die einzelnen Kaufobjekte ausgeschieden wie folgt:

1 300 000 ℳ auf das Bergwerkseigentum am Kohlenbergwerke Russia,

200 000 ℳ auf die bereits geförderten und verkaufsfertig gelagerten Kohlenvorräte des Bergwerkes Russia,

400 000 ℳ auf die Anteilsberechtigung an der Elisabethenhütte bei einem Börsenkurse von 200% pro Kux,

600 000 ℳ auf die sämtlichen Geschäftsanteile an der Motoren- und Akkumulatoren-Fabrik Biermann & Luft,

200 000 ℳ auf das Klostergut Friedrichshain und dessen Vorwerk Oppeln,

50 000 ℳ auf das zum Wirtschaftsbetriebe bestimmte, auf beiden Landgütern vorhandene Geräte und Vieh nebst den Futtervorräten,

150 000 ℳ auf die Villa in Nizza und

100 000 ℳ auf die Villa in Berchtesgaden.

Die Auflassungserklärungen wurden, da die Vertragsparteien sich am 20. Juli 1909 nicht im Besitz evident gehaltener und auf den neuesten Stand ergänzter Grundbuchauszüge befanden, gleichwohl aber auf sofortige Verbriefung des vereinbarten Kaufvertrags drängten, besonderer Beurkundung vorbehalten.

Diese Beurkundungen der Auflassungserklärungen erfolgten hinsichtlich der Villa in Berchtesgaden am 28. Juli 1909 vor dem K. Notariat München I; hinsichtlich des Kohlenbergwerkes Russia am 6. August vor dem gleichen Notariat und bezüglich des Klosterguts Friedrichshain und des zugehörigen Vorwerkes Oppeln vor dem württembergischen Bezirksnotariat Ulm II am 7. desselben Monats. Der grundbuchmäßige Vollzug all dieser Auflassungserklärungen erfolgte je am Tage nach deren notariellen Beurkundung.

Unterm 2. August 1909 wurden ferner die sämtlichen der Gesellschaft m. b. H. Motoren- und Akkumulatoren-Fabrik Biermann & Luft in Augsburg gehörenden Gesellschaftsgrundstücke im Werte von 150 000 ℳ von Nowikow und dem Geschäftsführer der Gesellschaft, Müller, an Schaber vor dem K. Notariat Augsburg I aufgelassen.

Bezüglich der in Nizza gelegenen Villa stellten die Beteiligten am 24. Juli 1909 die erforderlichen Anträge beim französischen Generalkonsulat in München.

In einer unterm 5. August vor dem K. Notariat München I als Nachtrag zum Kaufvertrage vom 20. Juli errichteten Urkunde erklärten Nowikow und Schaber, daß der Wert der in der Villa zu Nizza aufgestellten und mitverkauften Sammlung von Gemälden, altem venezianischen Glase und echtem Porzellan von Sèvres 50 000 ℳ und der Wert einer in der Villa von Berchtesgaden verwahrten Briefmarkensammlung 15 000 ℳ, einer Münzen- und Medaillensammlung 25 000 ℳ und einer Sammlung keltischer Altertümer und solcher aus Pfahlbauten an den oberbayerischen Seen und Mooren 15 000 ℳ betrage. Die Bereinigung des Gesamtkaufpreises von 3 000 000 ℳ ist in der Urkunde vom 20. Juli 1909 vereinbart wie folgt:

100 000 ℳ wurden vor dem K. Notariat München I im Termine bar entrichtet; in der Urkunde ist Quittung erteilt.

400 000 ℳ werden entrichtet durch Zession einer dem Käufer Schaber an den Credit Lyonnais in Paris, Boulevard des Italiens zustehenden Forderung.

500 000 ℳ werden entrichtet durch Übernahme einer zu Gunsten der K. B. Hypotheken- und Wechselbank in München auf dem Bergwerke Russia lastenden Amortisationshypothek von ursprünglich 750 000 ℳ, nunmehr im Restbetrage von rund 500 000 ℳ.

350 000 ℳ wurden dadurch bereinigt, daß Schaber dem Verkäufer Nowikow eine größere Anzahl von Wertpapieren, die er bei verschiedenen Banken des In- und Auslandes zu offenem Depot hinterlegt hatte, an Zahlungsstatt übertrug und die Umschreibung dieser Depots auf X. Nowikow bei den betreffenden Banken beantragte.

Diese Depots setzen sich laut der Urkunde vom 20. Juli 1909 zusammen wie folgt:

I. Depot bei der Deutschen Bank, Filiale München:

175 000 ℳ 4%ige Bayerische Eisenbahnanleihe vom Jahre 1908 zum Kurse von 100	175 000 ℳ,
50 000 ℳ 3½%ige Anleihe der Stadt München zum Kurse von 90	45 000 ℳ,
50 Aktien à 1000 ℳ der Badischen Anilin- und Sodafabrik in Ludwigshafen zum Kurse von 250	125 000 ℳ,
100 Aktien à 500 Frs. der Gotthardbahn zum Kurse von 200	80 000 ℳ,
110 Aktien des Phönix, Aktiengesellschaft für Bergbau- und Hüttenbetrieb à 1000 ℳ zum Kurse von 200	220 000 ℳ,
10 Kuxe der im Jahre 1903 gegründeten Gewerkschaft „Kaliausbeute" Neustaßfurt à 5500 ℳ	55 000 ℳ.

II. Depot beim Bankhause Kugler & Cie. in Zürich:

50 000 Frs. französische Rente zum Kurse von 100	40 000 ℳ,
20 Aktien der Banca Commerciale Italiana in Mailand à 2500 Lire zum Kurse von 200	80 000 ℳ,
25 Aktien der Gotthardbahn zu 500 Frs. zum Kurse von 200	24 000 ℳ,
3 Aktien Harpener Bergbau à 1000 ℳ zum Kurse von 200	6 000 ℳ.

Der Restbetrag des Kaufpreises mit 1 150 000 ℳ wurde einstweilen sichergestellt durch Eintragung einer Gesamthypothek auf 5 dem Ingenieur Emil Schaber gehörigen, in der Stadt München gelegenen, bisher unbelasteten großen Zins- und Rentenhäusern; die näheren Bestimmungen über die Abtragung dieses Restbetrags von 1 150 000 ℳ sollten einer späteren Vereinbarung und Beurkundung vorbehalten bleiben.

Aufgabe.

Unter Angabe der einschlägigen gesetzlichen Bestimmungen ist mit kurzer Begründung auszuführen, welche öffentlich-rechtlichen Abgaben aus Anlaß der vor den bayerischen Notariaten München I und Augsburg I beurkundeten Rechtsgeschäfte und Erklärungen zur Staatskasse oder Reichskasse zu entrichten sind.

Praktischer Fall aus dem Gebiete der inneren Verwaltung. 1909.

A.

Am 30. September 1908 bemerkte der beim K. Forstamte Kinding verwendete funktionierende Waldwärter Sebald gelegentlich eines Dienstgangs in dem ihm zugewiesenen Staatswald-Distrikte „Hohe Leiten" einen jungen Burschen, welcher bei seinem Herankommen hastig etwas unter der Joppe verbarg und die Flucht ergriff. Sebald verfolgte ihn mehrere hundert Meter bis über die Staatswaldgrenze hinaus in den Bezirk der von dem Brauereibesitzer Wagner in Greding gepachteten Gemeindejagd Greding. Dortselbst flüchtete der Bursche auf einen in einer Waldblöße stehenden mit Leinwand überspannten Wagen zu, riß aus demselben ein — wie sich später ergab — ungeladenes Gewehr heraus und wandte sich gegen Sebald um. Da gab dieser ohne vorherigen Anruf rasch einen Schuß auf den Fremden ab und verwundete nicht nur diesen durch mehrere Schrote an Gesicht und Oberkörper, sondern auch noch den im Wagen liegenden Besitzer des Wagens, welchem mehrere grobe Schrote in den Unterleib gedrungen waren.

Es zeigte sich nun, daß der Bursche ein mit einer Schlinge gefangenes Rehkitz unter der Joppe getragen hatte.

Um den Frevel zur Anzeige zu bringen, führte Sebald das mit einem Pferd bespannte Fuhrwerk samt den

beiden Verwundeten und drei weiteren Familienangehörigen zur Gendarmeriestation Greding und übergab daselbst die Familie nebst dem Wagen dem Gendarmerie-Stationskommandanten Wächter. Dieser nahm die Anzeige wegen Jagdfrevels entgegen. Bei Feststellung der Personalien gab der Besitzer des Wagens an, er heiße Viktor Stey, sei Regenschirmmacher aus Hagenau im Elsaß und befinde sich zur Zeit mit seiner Familie, bestehend aus seiner Ehefrau und drei minderjährigen Kindern, darunter der gleichfalls verwundete 16jährige Sohn Alexander Stey, auf der Reise. Als Legitimationspapier fand sich nur ein Zwangspaß des K. Bezirksamtes Neumarkt vom 1. Mai 1908 folgenden Inhalts vor: „Viktor Stey, Regenschirmmacher von Hagenau im Elsaß, wird angewiesen, mit seiner Familie, bestehend aus seiner Ehefrau Sabine Stey und drei minderjährigen Kindern Alexander, David und Elisabeth Stey, sich geraden Weges in seine Heimat zu begeben." Geldmittel waren nicht im Besitze des Stey.

Viktor Stey bestand seinerseits darauf, daß der Gendarmerie-Stationskommandant auch eine Anzeige gegen Sebald wegen Vergehens im Amt und Körperverletzung aufnehme, da derselbe keineswegs befugt gewesen sei, wegen des geringfügigen Frevels seines Sohnes auf diesen, noch viel weniger auf den Wohnwagen einen Schuß abzugeben.

Gendarmerie-Stationskommandant Wächter nahm auch diese Anzeige auf und führte den Steyschen Wohnwagen mit den beiden Verwundeten sodann dem K. Amtsgerichte Greding vor.

Der K. Oberamtsrichter erließ gegen Alexander Stey Haftbefehl, überwies aber die beiden Verwundeten sofort zur notwendigen ärztlichen Behandlung dem Distriktskrankenhause Greding, dessen Verwaltung hievon vorsorglich dem Armenpflegschaftsrate Greding und dem K. Bezirksamte Hilpoltstein Anzeige erstattete. Über den Wohnwagen und die weiteren Familienglieder traf das K. Amtsgericht keine Verfügung. Auch der Stadtmagistrat Greding, an welchen sich Stationskommandant Wächter

wendete, lehnte es ab, eine Verfügung zu treffen. Da jedoch Stationskommandant Wächter das Pferd für seuchenverdächtig ansah, hatte er Bedenken, das Gefährte der Familie ohne weiteres zu überlassen. Er wandte sich deshalb an den eben zur Visitation der Gendarmeriestation Greding anwesenden Gendarmerie-Oberleutnant Becker. Dieser wies ihn an, das Pferd vor allem in den Kontumazstall der Wasenmeisterei Greding zu verbringen und die Untersuchung durch den K. Bezirkstierarzt zu veranlassen. Stationskommandant Wächter kam dieser Weisung nach. Bei der bezirkstierärztlichen Untersuchung stellte sich jedoch heraus, daß bei dem Pferde eine ansteckende Krankheit nicht festzustellen sei, weshalb dasselbe der Familie Stey wieder übergeben wurde.

Das gegen Sebald eingeleitete Verfahren endete damit, daß derselbe durch Urteil der Strafkammer des K. Landgerichtes Eichstätt vom 10. Januar 1909 wegen eines Vergehens der vorsätzlichen erschwerten Körperverletzung im rechtlichen Zusammenfluß mit einem Vergehen der fahrlässigen Körperverletzung unter Annahme mildernder Umstände zu einer Geldstrafe von 50 ℳ event. 10 Tage Gefängnis verurteilt wurde. Das Urteil wurde rechtskräftig.

In der Begründung ist ausgeführt: Sebald sei allerdings seit Einführung des neuen Beamtengesetzes als Beamter zu erachten — Klasse 30 der Gehaltsordnung —, zur Zeit des Vorfalls sei er aber erst probeweise verwendet und noch nicht verpflichtet gewesen, weshalb er damals noch nicht die Beamteneigenschaft besessen habe. Aber auch wenn man ihn als Beamten erachten wollte, so hätte er doch bei Begehung der Tat nicht in Ausübung seines Amtes gehandelt, da er nur für den Staatswaldbezirk aufgestellt war, nicht aber für den Jagdschutz in einer Privatjagd. Seine Handlung falle deshalb nicht unter § 340 RStrGB., sondern nur unter die Strafbestimmung der §§ 223, 223a bzw. 230 RStrGB. Notwehr könne nach Lage des Falls nicht angenommen werden.

Alexander Stey, welcher alsbald genas, wurde nach Verurteilung wegen Vergehens des strafbaren Eigennutzes — §§ 292, 293 RStrGB. — zu einer mehrmonatlichen Gefängnisstrafe in das Landgerichtsgefängnis Eichstätt eingeliefert. Der Gesundheitszustand des Viktor Stey verschlimmerte sich immer mehr, und am 1. Februar 1909 starb derselbe; wie vom Krankenhausarzte, bezirksärztl. Stellvertreter Dr. Klemm festgestellt wurde, unzweifelhaft infolge der von Anfang an sehr gefährlichen Schußverletzung.

Für die Behandlung der beiden Stey und die Beerdigung des Viktor Stey erwuchs der Distriktskrankenhausverwaltung eine Forderung von 230 ℳ. Für die Unterbringung des Pferdes in der Wasenmeisterei und die bezirkstierärztliche Untersuchung erwuchsen insgesamt 10 ℳ Kosten. Da die Witwe Stey jede Zahlung verweigerte, wandten sich die Forderungsberechtigten an das Bezirksamt Hilpoltstein mit der Bitte um geeignete Verfügung.

Der K. Bezirksamtmann Weber wies den Stadtmagistrat Greding an, das von Stey hinterlassene Pferd zu veräußern und den Erlös an das Bezirksamt einzusenden.

Trotz Widerstrebens der Witwe Stey wurde dieser Auftrag von dem Bürgermeister zu Greding vollzogen und der Erlös von 250 ℳ dem K. Bezirksamte ausgehändigt. Nach Deckung der Forderungen der Distriktskrankenhausverwaltung, des Wasenmeisters und des K. Bezirkstierarztes zu insgesamt 240 ℳ verfügte das K. Bezirksamt die Verschubung der Familie nach Hagenau. Schon das erste württembergische Oberamt verweigerte aber die Weiterlieferung, weil eine Anfrage in Hagenau ergeben hatte, daß dortselbst die Familie überhaupt nicht bekannt sei. Die Familie wurde deshalb an das K. Bezirksamt Hilpoltstein zurückgeliefert und dortselbst, nachdem der Rest des Erlöses für das Pferd zur teilweisen Deckung der Transportkosten verwendet worden war, in Freiheit gesetzt.

B.

Die Witwe Stey bevollmächtigte nun zu ihrer Vertretung den Rechtsanwalt Dr. Helfrich in Nürnberg, welcher am 1. März 1909 folgenden Antrag beim K. Verwaltungsgerichtshofe in München einreichte:

Die Witwe Stey sei durch eine Reihe von schuldhaften Handlungen von Staatsorganen in ihre jetzige traurige Lage versetzt worden. Sie wolle hiefür gemäß § 839 BGB. und Art. 60 des Ausf.Ges. z. BGB. vom K. Fiskus vollen Schadenersatz verlangen und benötige hiezu die vorgeschriebene Vorentscheidung des K. Verwaltungsgerichtshofs.

Er beantrage Vorentscheidung:

1. gegen den Waldwärter Sebald in Kinding,
2. gegen den Gendarmerie-Oberleutnant Becker in Ansbach,
3. gegen den Gendarmerie-Stationskommandanten Wächter in Greding,
4. gegen den Krankenhausarzt, bezirksärztlichen Stellvertreter Dr. Klemm in Greding,
5. gegen den K. Bezirksamtmann Weber in Hilpoltstein.

Alle Genannten seien der Verletzung ihrer Amtspflichten gegenüber der Steyschen Familie schuldig zu sprechen, und zwar aus folgenden Gründen:

ad 1. Sebald habe seine Amtsbefugnisse dadurch überschritten, daß er auf das Gemeindejagdgebiet übergetreten sei, dortselbst habe er mit dem Jagdschutz nichts zu tun gehabt. Er durfte daher auch keine Festnahme vornehmen. Noch viel weniger sei er berechtigt gewesen, zu schießen. Dies sei durch das ergangene landgerichtliche Urteil rechtskräftig und endgültig festgestellt. Sollte angenommen werden, daß die Schußverletzung des Viktor Stey in Veranlassung der Ausübung öffentlicher Gewalt erfolgte, so bitte er, Sebald auch in diesem Sinne für schuldig zu erkennen.

ad 2. Der Gendarmerieoberleutnant Becker sei zu der Anordnung bezüglich der Unterbringung und Untersuchung des Pferdes nicht befugt gewesen. Die hiedurch entstandenen unnötigen Kosten müsse daher die Staatskasse ersetzen.

ad 3. Der Stationskommandant Wächter durfte den ungesetzlichen Befehl nicht vollziehen, habe sich daher auch einer Überschreitung seiner Amtsbefugnisse schuldig gemacht.

ad 4. Der Krankenhausarzt, bezirksärztlicher Stellvertreter Dr. Klemm habe den verstorbenen Viktor Stey nicht richtig behandelt. Die Verwundung hätte sonst nicht zum Tode geführt. Der Staat müsse deshalb für eine sachgemäße Entschädigung der Witwe aufkommen.

ad 5. Der K. Bezirksamtmann Weber habe in ungesetzlicher Weise die Veräußerung des Pferdes angeordnet. Die Forderung der Distriktskrankenhausverwaltung werde überhaupt bestritten und sei zivilrechtlicher Natur. Der K. Bezirksamtmann habe daher seine Amtsbefugnisse überschritten. Die Anordnung der Verschubung verstoße direkt gegen das Freizügigkeitsgesetz. Die Familie Stey besitze, wie aus dem Passe des K. Bezirksamtes Neumarkt hervorgehe und vom K. Bezirksamte Hilpoltstein offensichtlich auch angenommen wurde, die deutsche Staatsangehörigkeit. Sie habe daher ein Recht auf Aufenthalt — § 1 des Freizügigkeitsgesetzes —, welches ihr nur unter gesetzlichen Voraussetzungen — § 3 und 5 des Freizügigkeitsgesetzes — und im verwaltungsrechtlichen Verfahren — Art. 8 Ziff. 3 VGG. — bestritten werden könne. Der K. Bezirksamtmann habe sich durch Nichtbeachtung dieser Bestimmungen verfehlt. —

C.

Der K. Verwaltungsgerichtshof veranlaßte die Instruktion des Vorentscheidungsantrags. Dieselbe ergab zunächst den unter lit. A. dargestellten Sachverhalt, welcher von keiner Seite bestritten wurde.

Die einvernommenen Beteiligten und Behörden gaben folgende Erklärungen ab:

1. Waldwärter Sebald beantragte durch seinen Vertreter, Rechtsanwalt Niemann, den Vorentscheidungsantrag schon aus formellen Gründen zurückzuweisen, da durch das Urteil des K. Landgerichtes Eichstätt bereits rechtskräftig festgestellt sei, daß Sebald zur Zeit des Vorfalls nicht Beamter war bzw. daß eine Amtshandlung nicht vorlag. Schon begrifflich könne ja eine Straftat niemals eine Amtshandlung sein. Er beziehe sich auf die Rechtsprechung des K. VGH. Sammlg. Bd. XII S. 330/331; Bd. XIII S. 494 und die Entsch. d. b. oberst. Ger.Hofs in Ziv.S. vom 18. Dezember 1875, Bd. V S. 439.

2. Gendarmerieoberleutnant Becker erklärte, seine Weisung an den Stationskommandanten sei völlig gerechtfertigt gewesen und entspreche einer ministeriellen Anordnung — Ziff. 7 der Min.Entschl. v. 11. April 1885, betr. die Handhabung der Sicherheitspolizei in bezug auf Zigeuner, MABl. d. J. S. 101, Weber GVS. Bd. XVII S. 112 —.

3. Gendarmeriestationskommandant Wächter erklärte, daß er lediglich den Dienstbefehl eines Vorgesetzten vollzogen habe und deshalb selbständig nicht verantwortlich sei.

4. Bezirksärztl. Stellvertreter Dr. Klemm beantragte unter Vorlage einer genau geführten Krankengeschichte die Einholung eines oberärztlichen Gutachtens, da er sich nicht schuldig fühle.

5. Bezirksamtmann Weber erklärte: Sämtliche Kosten seien auf das Verschulden des Alexander Stey zurückzuführen. Hiefür hafte dessen Vater bzw. sein Rücklaß. Er habe sich daher mit Recht an den Nachlaß gehalten und nur im Sinne der Ministerialentschließung vom 11. April 1885 betr. die Handhabung der Sicherheitspolizei in bezug auf Zigeuner, Ziff. 8 und 9 gehandelt.

Die Verschubung sei durch die gebotene Strenge gegen Zigeuner gerechtfertigt gewesen. Daß der Zwangspaß des

K. Bezirksamtes Neumarkt den Tatsachen nicht entsprach, sei nicht sein Verschulden. Daß der Verschubung ein Ausweisungsverfahren vorangehen müsse, sei ihm neu und entspreche jedenfalls nicht der allgemeinen Übung.

D.

Die zur Sache einvernommenen vorgesetzten Dienstesstellen sprachen folgendes aus:

a) Das K. Forstamt Kinding: Sebald sei seit Einführung des neuen Beamtengesetzes förmlich als „vollbeschäftigter Waldwärter" im Sinne der Klasse 30 der Gehaltsordnung angestellt. Zur Zeit des Vorfalls war er, nachdem er sich als Holzhauerrottmeister gut verwendbar erwiesen, zunächst probeweise, ständig jedoch widerruflich und nur gegen Taggeld mit der Dienstleistung eines K. Waldwärters betraut. Als Dienstbezirk war ihm die Staatswaldung des K. Forstamtes Kinding angewiesen. Hiefür sei er — allerdings erst kurz nach dem Vorfall — durch den Forstamtsvorstand verpflichtet worden. Das K. Forstamt sei der Auffassung, daß Sebald ebenso wie die förmlich nach der Instruktion vom 8. Juli 1886 für den K. B. Waldwärter — Fin.Min.Bl. 1886 S. 235, Weber GVS. Bd. XVIII S. 111 — aufgestellten Waldwärter als Beamter zu gelten habe. Zuzugeben sei, daß die Schußverletzung auf dem Gebiete der Gemeindejagd Greding erfolgte und daß Sebald nur für den Staatswald bzw. die Staatsregiejagd aufgestellt war. Dagegen sei daran festzuhalten, daß ein Forst- und Jagdschutzbediensteter bei der Verfolgung eines Frevlers auch auf Nachbargebiete übertreten dürfe. Sachlich stehe das K. Forstamt, entgegen der Auffassung des Gerichtes auf dem Standpunkt, daß Sebald in Notwehr gehandelt habe.

Die prinzipiell wichtige Frage, ob der K. Verwaltungsgerichtshof in seiner Beurteilung des Vorgehens des Sebald durch das landgerichtliche Urteil gebunden sei, müsse der Würdigung des K. Verwaltungsgerichtshofs überlassen bleiben.

Gegen seine Instruktion habe Sebald nur dadurch verstoßen, daß er die Anzeige bei der Gendarmerie statt, wie vorgeschrieben — § 18 Abs. VI der Instruktion — beim K. Forstamte gemacht habe.

b) Das K. Gendarmerie-Kompagniekommando in Ansbach erklärte:

Die Gendarmerie sei militärisch organisiert und es müßten Bedenken dagegen erhoben werden, daß ein Gendarmerieoffizier bzw. Stationskommandant, als Militärpersonen, unter die Vorentscheidung des K. Verwaltungsgerichtshofes gestellt werde. Sachlich sei übrigens beiden kein Verschulden beizumessen.

Die Weisung des Gendarmerieoffiziers sei wohlbegründet gewesen; übrigens sei es bei dem militärischen Unterordnungsverhältnisse für den Untergebenen unzulässig, die Gesetzlichkeit oder Angemessenheit eines Auftrags zu prüfen.

c) Die K. Regierung, K. d. J., von Mittelfranken vernahm zur Sache zunächst die K. Regierungsfinanzkammer. Diese erklärte: Soweit ein Verschulden des Krankenhausarztes in Frage komme, sei der Antrag von vornherein zurückzuweisen, da nach dem Antrag der Staat haftbar gemacht werden wolle, der Krankenhausarzt aber jedenfalls nicht Staatsbeamter sei. Auch bei Sebald ergebe sich die Zurückweisung in Konsequenz des landgerichtlichen Erkenntnisses. Abgesehen hievon sei die Schußverletzung des Viktor Stey jedenfalls nur in Veranlassung der Ausübung anvertrauter öffentlicher Gewalt erfolgt, für welchen Fall nach Art. 60 und 165 des Ausf.-Ges. z. BGB. der Staat nicht zu haften habe.

Ebenso müsse der Antrag gegen die Angehörigen des Gendarmeriekorps zurückgewiesen werden, da diese nicht Staatsbeamte, sondern Militärpersonen seien — E. d. VGH. Slg. Bd. XV, S. 267 —.

Bei der Verschubung sei das K. Bezirksamt durch den vorliegenden Zwangspaß des Bezirksamtes Neumarkt gedeckt gewesen. Den Staat könne aber hiewegen über-

haupt keine Haftung treffen, da diese nach Art. 21 Abs. 3 des Heimatgesetzes gegebenenfalls den betreffenden Beamten treffe. Die Veräußerung des Pferdes sei zu billigen.

d) Das Gutachten des Kreismedizinalreferenten ging dahin, daß der sorgfältig geführten Krankengeschichte zu entnehmen sei, daß der Tod des Viktor Stey als unmittelbare Folge der von Anfang an sehr schweren Verletzung eingetreten sei und daß ein Fehler in der ärztlichen Behandlung nicht angenommen werden könne.

e) Zu den Akten wurde festgestellt, daß der bezirksärztliche Stellvertreter Dr. Klemm durch Beschluß des Distriktsrates Greding — genehmigt durch die K. Kreisregierung — als Krankenhausarzt gegen ein jährliches Fixum aufgestellt war.

f) Der Distriktsausschuß Greding erklärte zur Sache, er verwahre sich gegen jede Haftung, da Viktor Stey eine sachgemäße Verpflegung gehabt habe. Alexander Stey sei verhaftet gewesen, weshalb der Staat für die Kosten seiner Verpflegung aufzukommen habe.

g) Die K. Regierung von Mittelfranken, K. d. Innern, gab sodann folgende Äußerung ab:

Der Anschauung des K. Gendarmeriekompagniekommandos könne sich die K. Regierung nicht anschließen. Sie erachte vielmehr die Gendarmerie für eine Polizeitruppe, deren Angehörige, wie andere Polizeibeamte unter den Begriff der Beamten im Sinne des Art. 7 Abs. 2 VGG. fallen. Übrigens würden unter diese Bestimmung auch Militärpersonen — Offiziere — zu rechnen sein,

vgl. § 359 RStrGB.
Entsch. d. RG. in StrS., Bd. XXIX S. 18,
Entsch. d. b. Ob. GH. v. 7. Febr. 1878, Beilage IV z. GVbl. 1878.

Den Krankenhausarzt könne nach dem eingeholten oberärztlichen Gutachten keinerlei Verschulden treffen.

Das Vorgehen des Bezirksamtes bei der Verschubung sei angesichts des vorliegenden Zwangspasses entschuldbar. Die Veräußerung des Pferdes sei sachlich gerecht-

fertigt, wenn auch die Zuständigkeit der Verwaltungsbehörden hiezu bezweifelt werden könne.

h) Die Verhandlung vor dem K. Verwaltungsgerichtshofe ergab nichts neues.

Aufgabe

ist die Beantwortung der Frage:

Ist der Vorentscheidungsantrag gegen die fünf Beklagten begründet?

Bei Beantwortung der Frage ist der Tatbestand unter lit. A sowie das Vorbringen der Parteien und Behörden in allen Punkten mit Beziehung auf die zu treffende Entscheidung des K. Verwaltungsgerichtshofes zu würdigen.

FSC
www.fsc.org
MIX
Papier | Fördert gute Waldnutzung
FSC® C083411

Kolibri 360 GmbH
Ferdinand-Jühlke-Straße 7
99095 Erfurt, Deutschland
produktsicherheit@kolibri360.de